聪明女人必备的99个办事智慧

牛苏放·编著

北京工业大学出版社

图书在版编目（CIP）数据

聪明女人必备的 99 个办事智慧／牛苏放编著 . —北京：北京工业大学出版社，2010.6（2015.5 重印）

ISBN 978-7-5639-2360-1

Ⅰ.①聪… Ⅱ.①牛… Ⅲ.①女性—人间交往—通俗读物 Ⅳ.①C912.1-49

中国版本图书馆 CIP 数据核字（2010）第 058614 号

聪明女人必备的 99 个办事智慧

编　　著：牛苏放

责任编辑：杨　青

封面设计：天之赋设计室

出版发行：北京工业大学出版社

　　　　　（北京市朝阳区平乐园 100 号　100124）

　　　　　010-67391722（传真）　bgdcbs@ sina. com

出 版 人：郝　勇

经销单位：全国各地新华书店

承印单位：大厂回族自治县正兴印务有限公司

开　　本：700 mm×1000 mm　1/16

印　　张：16. 5

字　　数：251 千字

版　　次：2010 年 6 月第 1 版

印　　次：2015 年 5 月第 12 次印刷

标准书号：ISBN 978-7-5639-2360-1

定　　价：28. 00 元

❀ 前　言 ❀

　　如今，我们生活在一个能力决定成败的时代，女人们已经完全以独立自主的姿态活跃在各个社会阶层及各行各业当中，她们拥有自己的事业、自己的交际圈。女人们之所以在这个广阔的空间里如此受关注，多是因为她们拥有卓越的办事能力。这是女人获取事业成功和幸福生活的法宝。

　　会办事的女人总能运用自己独特的性别优势，拥有良好人际关系，拥有快乐，拥抱成功。她们如同一颗颗闪亮的星星，处处散发出耀眼的光芒。善交际、会办事是她们的特点，独立、成熟、美丽、自信，举手投足尽显现代女性良好的修养。当然，这并不是说她们天生有着这种活力四射的禀赋，而是说她们善于塑造自我、肯定自我、提升自我。在这个过程中，她们学着用生存的智慧营造着像竖琴声一样美妙的生活。可见，只要女人肯努力，木讷的可以变灵活，愚钝的可以变机警，一无所知的就可以变得无所不知。试想，这样像水一样灵动，像风一样温柔，像花一样动人的女人，怎么不会人见人爱呢？

　　事实上，如果说一个女人的成功，只有15%是由于她的专业技术，那么剩下的85%就要靠她的人际关系和办事能力了。本书是成就女人生活与事业的秘典，具有以下内容：良好的修养是女人办事成功的前提；提前放贷人情为办事做准备；会办事的女人懂得多交友少树敌；多点人情味的女人好办事；投资外貌和头脑为办事加分；女人懂点心理学办事效率高；提升女人的交际应酬能力等。本书从多个方面为女性揭示

了造就幸福人生的全部秘密。

  本书本着简单实用的原则，以女性独特的视角，通过大量贴近生活的事例和精练的要点，针对不同的场景、不同的主题，生动而具体地讲述了提高办事能力的方法和技巧，但必须牢记，所办的事必须是正事，绝不是歪事、邪事。如果能够认真地领悟，并不断地实践，聪明的女性朋友们就一定会成为有内涵、有品位、会办事的新时代女性，从而变得魅力四射，大受欢迎。

目 录

第一章 良好的修养是
女人办事成功的前提

良好的修养是一个女人道德品质、综合素质的基础因素，它是女人成功办事的通行证。举手投足间尽显良好修养的女人，一定会表现得得体大方、光彩照人。相反，没有修养的女人会让人感觉不舒服。

目 录

第二章 提前放贷人情为办事做准备

俗话说得好："平时多烧香，急时有人帮。"会办事的女人会从长远出发，未雨绸缪，进行一本万利的感情投资。这样，在自己遇到困难的时候，就会及时得到人情回报。

第三章 会办事的女人懂得多交友少树敌

会办事的女人总会巧妙地多交友少树敌。俗话说"一个篱笆三个桩，一个好汉三个帮"。朋友是一笔珍贵的财富，女人可以通过不断开拓人脉资源，来学会怎样承受压力，怎样勇敢地面对困境。这样在办事的时候，就会无往不利，所向披靡。

目 录

第四章 多点人情味的女人好办事

有人曾说过这样一句话："爱是自然界的第二个太阳。"女人表现出的人情味会自然流露出其真挚的情感，给人以爱与关怀的奇妙感觉。在办事的时候，对方会被女人这种由内而外的个性魅力所感染，自然不忍拒绝你挂着微笑的脸。

目 录

第五章 甜言蜜语，
用你的"嘴"说动别人的"心"

会办事的女人在任何交际场合都能有说有笑，她们的赞美恰如其分，沁人心脾，让人不由自主地对她们心生亲近之感。在她们"甜言蜜语"的攻势下，对方很快会不自觉地臣服，当然，在办事的时候，她们总是能一帆风顺。

目录

第六章　投资外貌和头脑为办事加分

女人身上所拥有的独特魅力和女人味，源自于女人外在美与内在美的结合。女人的贵、媚、雅、恬、慧、娴、俏等不同的风韵，不仅表现在一个女人的容颜、行为举止、穿衣风格、化妆技巧等方面，还体现在其修养、气质、思想上。

目 录

第七章 女人懂点心理学办事效率高

俗话说："出门看天色，进门看脸色。"懂心理学的女人，都善于洞察人心，知道瞄准对方的心理，见机行事，对症下药，这样才能提高办事效率，取得成功。

第八章 提升女人的交际应酬能力

如今，女人开始参与越来越多的交际应酬。会办事的女人懂得应酬的种种礼仪，能在应酬中很好地展示自己的风度与端庄，使之成为自己办事成功的基础和在社会上拼搏的有利武器。

目录

第九章　聪明女人不依赖人，但懂得借力

与其打着灯笼去寻找黑夜中的路，不如踩着成功者的脚印前行。会办事的女人会很好地借鉴贵人的经验，并将其变为自己一生的财富。当然，贵人给予女人的一次扶助、一次机会，通常都不是女人们用聪明、努力和金钱可以换来的。

第一章
良好的修养是女人办事成功的前提

　　良好的修养是一个女人道德品质、综合素质的基础因素，它是女人成功办事的通行证。举手投足间尽显良好修养的女人，一定会表现得得体大方、光彩照人。相反，没有修养的女人会让人感觉不舒服。

礼仪和修养体现你的尊贵

拥有完美的外表仅仅是为打造女人的尊贵形象做足"表面功夫"。但是在办事的时候，只有懂礼貌的女人才能得到对方的尊重。

假如一个女人只懂得每日浓妆艳抹，一身名牌，丝毫不注重自己的言行修养，那人们只会承认她的阔绰，而决不会觉得她尊贵。女人的尊贵不是来自外表，而是来自她的一言一行，来自她的礼貌，来自她的文雅。

一家刚上市的公司在某酒店设宴款待客户。宴会当天，公司经理级别以上的领导都早早到达宴会厅，但总裁的秘书却因为堵车而姗姗来迟。本来作为主办方的人应该比客人先到，这是一种礼貌，可是这位总裁秘书在公司习惯了"恃宠而骄"，虽然自己迟到了，却一句致歉的话也不说，来到宴会厅以后，就挑了一个清静的座位开始旁若无人地为自己补妆。更让大家目瞪口呆的是，就餐的时候，总裁秘书竟然在众目睽睽之下拿着筷子夹起一块牛排，直接塞进嘴里，大口地咀嚼起来。

总裁秘书的举止实在让众位客户大跌眼镜。一些原本要签合同的客户在宴会结束以后也改变了主意。他们认为，该公司秘书的社交礼仪和修养代表着公司的形象，让一个这样无礼的女人来出任一家上市公司的总裁秘书，那这家公司也好不到哪里去。后来，由于客户的不满，这位秘书自然是被解雇了，但公司的声誉损失却难以弥补了。

一个女人的外貌可以不够漂亮，但是一定要注意自己的仪态与风度。否则，即便是个漂亮的女人，如果举止不雅，也会损害自己的形象，在办事的时候，将无法受到别人的欢迎。

国际巨星张曼玉被视为优雅、尊贵的女人典范。当记者问她保持优雅、让自己时刻显得尊贵的秘诀是什么的时候，张曼玉坦然地告诉记者："一个成熟的女人是最优雅的。优雅是一种经历，一种沉淀，是一种从内到外的东西……"

在张曼玉看来，女人不仅要在礼仪、修养方面多多注意，还要保持言行举止上的自然与淳朴，只有顺其自然地待人接物，才最能展现女人的优雅与尊贵。

一个女人可以不漂亮，可以不美丽，甚至可以没有多少气质，但是不能不懂何为礼仪、何为修养，更不能以为珠光宝气就代表尊贵。修养是一种潜在的品质，是女人由内而外的魅力体现，只有在任何场合都能以规范的礼仪待人接物的女人，才能受到大家的好评。

注重细节，
塑造女人完美的说话形象

正如老子所说：天下难事，必作于易；天下大事，必作于细。追求细节上的完美，是一个言行得体、谈吐不俗的女人的目标。然而，有些女人只能做到"金玉其外"，在开口的一瞬间就将自己的美好形象破坏殆尽。

李桐是北京一所著名学府的教授。一天，他正在办公室里备课，突然有人敲门，他就习惯性地说了声请进。抬头一看，是一位女生，他并不认识。那位女生四下看了看，并没有确认自己找谁，而是张口问道："李桐呢？"

这话一出口，大家都愣了一下，就往李桐这里看。李桐心里也很纳闷，在学校里任教这么多年，还没有谁会对他直呼其名。他脸色微微一

变，但还是有礼貌地对那位女生说："我就是，找我有什么事吗？"

那位女生大大咧咧地说："噢，你就是李桐呀，我可早就听说过你了，我是××教授的学生，我的论文你给我看一下！"

原来当时有规定，论文答辩时要请一个校外的专家来指导。这位女生是外校的学生，来找李桐教授给自己批阅论文。

李桐到底是有涵养的人，看到这个学生这么没有礼貌，并没有发火，只是随口说道："那你就放在那里吧！"

这位女生就把自己的论文往他的桌子上一扔，说："你快点看呀！后天我们要论文答辩，你可别耽误我的事！"

李桐再也忍受不了了，说："请问你是找人办事还是下达命令呢？把你的论文拿走，我没有时间给你看！"

古语曰：礼者，敬人也。敬人者，人恒敬之。尊敬他人是获得他人好感并进而与他人友好相处的重要条件。礼貌的谈吐，看似小事，却直接影响着女人的形象，以及别人对自己的态度。尤其对于女人来说，礼貌就是她是否具有良好修养的一种表现，是别人对她做出判断的重要依据。

郭晓雪是一家文化公司的策划，工作能力有口皆碑，但她是个"大炮"性格，说话只图痛快，常常在不自觉中伤了别人。一次公司例行会议上，办公室主任批评她上厕所后老是忘记冲水，众人哄堂大笑。郭晓雪觉得颜面尽失，脱口而出："乌鸦掉在猪背上——自己不知道自己黑。"众人再次哄堂大笑。原来这个女办公室主任长得很黑，这一句出于无意却一箭双雕的话深深地刺痛了她。后来这位办公室主任升为副总，鲁莽的郭晓雪的"好日子"就开始了。

其实，找人办事得像个找人办事的样子，要表现得谦卑有礼，这样别人才愿意帮助你。而一个习惯于出言不逊的女人，又怎么会得到别人的喜欢呢？如此举止不雅，不仅会损害自己的形象，还无法在社交场合受到别人的欢迎。正如古人所云：衣食足而知礼仪。女人说话时的礼仪是一种生产力。所以，在日常交往中，女人要学会注意谈吐的细节。

女人要注意的谈吐细节不仅包括言谈的内容，还包括言谈的方式、姿态、表情、速度、声调等。如果女人的谈吐既有知识性、趣味性，又能用丰富的表情和优美的声音来表达，那将达到意想不到的效果。一般来说，谈吐时应注意的细节有以下几点。

1. 表情要诚挚专一

真诚的表情和态度才能获得人们的信任，进而加深别人对自己的印象，增进彼此的友谊。如果虚情假意、装腔作势、夸夸其谈等只会使人厌恶，从而失去与对方交往的机会。所以，当你与人交往时，应做到目光坦然、亲切、有神，并能把自己的想法和感受通过手势、神情、体态等方式表示出来，这才是女性应该具有的交际形象。

2. 微笑

女性面带微笑地与人说话时，会使对方感到你十分乐意与他交往，这样会使对方感到轻松，进而营造出融洽的说话气氛。当然，笑也要掌握分寸，如果不区别时间、地点与对象，就很容易失礼。

3. 注意控制语音、语调

女性和别人说话的时候，不能像要与人吵架似的，要尽量保持语调沉稳、亲切，声音不必太高，这样才会使对方觉得你待人真诚，进而收到较好的效果。

4. 说话要有节制

在社交中，女性不宜说话过多，否则别人会认为你缺乏自制力、虚伪，令人生厌。有时候，女性的沉默也是一种交际语言。

5. 说话的嗓音

动听的声音是一个女人塑造完美说话形象的关键，对听者来说也是一种享受。因此，女性在与人说话时，除了有亲切的语气、得体的言辞、落落大方的态度以外，还要注意让自己的声音甜美。

总之，在社交场合，女性如能适当地使用优雅的语言来表达思想，就会展现自己的独特个性，吸引他人的目光。即使你相貌平平，也会因

此而增添光彩。假如你天生丽质，它将使你更加美丽。

自信的女人容易给人留下好印象

人们常说：自信的女人最漂亮。自信的女人无论是在生活还是在工作时，总能精神焕发、神采奕奕、信心十足、绘声绘色地描绘出自己的出色表现，让对方不禁折服在自己的魅力之下。

自信的女人不会整天飞扬跋扈，高呼女权至上，而是以独特的性格魅力征服对方。因此，在求人办事的时候，她们更得心应手。其实，每个女性都有属于自己的魅力，只是因为你太自卑、太缺乏自信，以致你的优点、长处、潜在之美都得不到挖掘和展示罢了。

被誉为全球现代时尚文化象征的"环球小姐"大赛，是当今规模最大的世界级选美赛事，已成为与奥斯卡奖具有同等知名度的全球性文化活动。2003 年中国首度与"环球小姐"组织合作，来自福建的 23 岁的女孩吴薇成为首位当选的环球中国小姐，并以首位官方认可的身份代表中国参加了在巴拿马举办的第 52 届世界环球小姐的比赛，与来自其他 71 个国家的佳丽同台展示美、传播爱。

吴薇，没有因为成为环球小姐而表现出孤傲的神情，她清秀纯情，落落大方，普通得就像一个邻家女孩。她的微笑后面是无比的镇定和自信，让人感觉到她的美丽来自她的自信、她的聪慧和她的踏实平淡。

当问到夺冠的最大优势是什么时，吴薇笑着说："自信是对美丽最好的表现。"

"其实我始终都认为自己是个平常人。环球小姐的比赛就是为我这样的普通女孩准备的。每个自信的女孩子，都能站到这个舞台上来，我得了奖，是我刚好得到了一次机遇。"

吴薇原来只是福建兴业银行的一名普通信贷员，根本就没有什么舞台经验、模特经验。她在台上所表露的微笑、所展示的魅力源于她发自内心深处最自然、最朴实的一份自信，而这些正是最终打动评委的原因。

索菲亚·罗兰说："一个缺乏自信心的女人永远也不会有吸引别人的美。没有一种力量能比自信更能使女人显得美丽。"想要成为一个有魅力的自信女人，单单有美丽的外表还远远不够。自信的谈吐、内在的修养都是自信女人不可或缺的决定因素。当然，自信有来自先天方面的因素，但更多的则来自后天。你可以不断通过各种仪态方面的训练，使自己逐渐成为一个魅力无限的自信女人。

自信是需要我们在每时每刻的生活中逐渐培养的。下面有几个小技巧，可以多加练习，直到你的举手投足之间都能表现出自信。

第一，把自己想象成完美的化身，这是许多从事表演工作的女性的惯用方法。它同样适用于职场女性。面对大客户或提案，先静坐，心中默想曾有的愉悦感觉，比如曾经聆听的悠扬乐章，愈具体，效果愈好。或者干脆学习你所仰慕的人具有的美好特质，可以是影星、政治家或外交家等，只要她具备你所希望拥有的特质，均可模仿。

第二，自信的女人勇于大胆地表现自我。要把自信心视为肌肉，定时持之以恒地锻炼，如果稍有懈怠，它很快就会松弛。走路时要昂首阔步，抬头挺胸，仿佛一切都在你的掌握中。想象你拥有这个空间，在举步时，回想过去曾有的自信满满的感觉。和不期而遇的人进行一对一的交谈，也是表现自我的很好的开始。

第三，选择适合自己气质的服装、发型、化妆，甚至香味，展现完美精确的专业形象。要注意以得体的装扮来加深留给他人的自信印象，特别是在颜色上。如果你想增加自信与亲和力，不妨选择深色服装，搭配浅色丝巾或围巾等。因为深色系代表权威，亮色则引人注目。切忌穿着过于暴露或大胆的服装，例如，紧身短裙或V领低胸上衣，这不仅容易让人想入非非，而且会使你因怕走光而分心。

第四，自信的女人会以恰当的态度接受恭维。大部分女性都有所谓女性自我贬抑倾向，总是习惯性地拒绝别人的赞美。这是很不明智的，因为太谦虚也会有损你的自信，如此一来，很容易将自己由主动参与者转换成被动接受者。所以，当有人恭维时，记得以"谢谢"来代替"你太客气了"或"那其实很简单"这类的客套语。

女人的一生丰富多彩，有的时候电闪雷鸣，风雨交加；有的时候春风拂面，阳光普照，所以，不要惧怕失败，要爱生活、爱自己、有自信，用积极的心态面对现实生活中的不幸和挫折，用微笑面对迎面而来的冷嘲热讽，以实际行动维护自己的尊严。这一切都淋漓尽致地表现出女性的气质，一种坦诚、坚定而执著的向上精神。当然，在自信的女人面前，很多事情也会迎刃而解。

和蔼的女人易成事

聪明的女人在办事的时候，会尽量富有人情味，与人为善。正如享有盛誉的卡法罗家族购物中心所说："如果今天交一个朋友，明天就可以做成一笔买卖。"这样你就可能从人们身上得到你所需要的东西；而如果你粗暴无礼，将一无所获。

也许你会认为，你见过许多粗暴专横的女人在办事的时候也能行得通，那只是暂时的。比如，你在对待打扫卫生间的工人的态度上表现得不那么和善时，人们就会注意到你的粗俗。相反，和蔼的女人在主动和陌生人沟通的同时，会增加自己成功的机会。

美术专业毕业的王凡很想成为一个插画家。但是，由于没有工作经历，她没有找到一份称心如意的工作。无奈的王凡开始在一家社区图书馆打工，一有时间就练习画画。

有一天，一位四十多岁的男士来还书。她被这本书的封面深深地吸引住了，原来这是一本集合了意大利著名童话作品的插画书。王凡高兴地问他："这本书好看吗？"男士对图书馆管理员和蔼的态度感到颇为吃惊，微笑着说："是啊。如果对童话插图有兴趣的话，这是一本值得参考的书。"

　　"我特喜欢插图，看来我一定要借来读一遍了。谢谢！"看着王凡的笑脸，本来已经转身向外走的男士又回来问她："你是否会画儿童插图？""我很有兴趣，但现在还在学习中。""是吗？那你可以找个时间跟我联络一下吗？我想看看你的作品。"看到这位男士递来的名片，王凡吓了一跳，原来他是一家以出版画册闻名的出版社的社长。他是为了一本童话书的插图而到图书馆借书的。当他看到王凡的作品后感到很满意，后来，王凡就因为这次意想不到的机会成了一名插画家。

　　在办事的时候，女性的和善态度可以给她带来更多的帮助。这不是性格外向与内向的问题，而是良好修养的一种表现。只要敢拿出勇气来，你完全可以锻炼出和善的交际手腕。即使处于以做事能力为主的职位上，我们依然能体会到良好的待人态度对办事的重要性。

　　所谓和蔼友善，并不是要你去巴结奉承，到处说"请"、"谢谢"，而是采取这样一种态度，即我对你好，希望你也对我好。我们不回避难办的问题，但我们要在互相尊重的情况下解决它们。你的和蔼可亲会使其他人感到快乐，同时你也会得到快乐，而这种快乐是无法以其他任何一种方式获得的。

　　有的女性会觉得自己的权力和威望比较大，就没有必要表现得和蔼友善。事实上，你的地位越高，人们就越会注意你的为人。如果你做不到和蔼，那么可以设身处地地想一下对方的处境。特别是在求人办事的时候，要努力使自己不要显得高高在上、盛气凌人。如果有必要的话，你不妨试一试以下这些表示和蔼友善的做法。

　　·早晨的时候，微笑着向同事道一声："早上好！"温暖的情谊和真挚的笑脸必将使他们心中充满感动。他们会感觉你很随和，一个好印

象就在微笑间留在同事的心底。

· 忙碌了一天后，你若能微笑着对你的同事、父母、朋友点点头，由衷地说一声："辛苦了"。他们必定会觉得你是个会体贴人的女人，一天工作的劳累也会因为你的一个微笑、一个问候而缓解。

· 尽量不大声说话、不发脾气，用微笑对待别人。

· 懂得放松，不给别人无形的压力。

· 善于体察他人的心境，给人以及时雨一样的帮助，让温馨、祥和、慰藉来温暖人生，沟通心灵。

任何场合都保持应有的涵养

女人要学着用心经营自己，这体现在自己的外表以及涵养上。涵养不是一天两天就能形成的，它需要长期的积淀。特别是年轻的女孩，从现在开始，在任何场合都保持应有的涵养，日后必定能修炼出与众不同的气质。

朱娜到一家饭店吃饭，点了一只油焖龙虾。菜端上来后，朱娜发现盘中的龙虾少了一只虾螯，于是就询问侍者。侍者无法解释，只好找来了老板。

老板抱歉地说："真对不起小姐，龙虾是一种残忍的动物。您点的龙虾可能是在和它的同伴打架时被咬掉了一只螯。"

朱娜巧妙地说："那么，就请给我调换一只打胜的龙虾吧。"

有涵养的朱娜在对方近乎耍赖的言语中，用自己的思想和修养压倒了对方，这就是女人的极致韵味。其实，在生活或者工作中，许多女性因为拥有智慧和才华，举止优雅得体，而压倒了外表上的欠缺，变得光彩照人，这样的女性往往具有一种从心灵深处源源溢出的摄人心魄的魅力。

也许更多的女人会注意自己的容貌，但容貌永远不是女人长久的"伙伴"。女人只有从内到外地保养自己，这样美丽才会更长久一些。因为女人内在的高尚修养和高雅气质可以弥补因岁月流逝而带来的不足，还能永远得到人们的欣赏和赞扬。如何能做到在任何场合都保持自己应有的涵养呢？下面是一些小技巧。

第一，上下楼梯也可以尽展女人的内在涵养。

在生活中，你可以在上下楼梯的时候表现得优雅高贵。

很多女人以为上一层楼梯不过就一两分钟的时间，没必要搞得那么复杂，但是这一个细节却能毁坏你的全部形象。对于女性来说，要想高贵而优雅地上下楼梯，挺直背部是关键。其次，头要抬高，臀部要紧收，可以把手轻轻地放在扶手上，步伐要缓慢，不能风风火火的，把楼梯踩得"咚咚"响。如果穿的是细高跟的鞋，尤其要注意把双脚在楼梯上踩踏实，避免有站立不稳的感觉。

第二，女人上下汽车的动作也可以很漂亮。

当一个女人精心打扮一番，盛装出席一个舞会时，她会成为众人注视的焦点。但是当她与大家告别，舞伴为她绅士地打开车门的时候，她却先低头进车，再把双腿轮流跨进，而臀部还留在车外，这种姿势不仅没有一点儿美感，简直就像爬一样，显得狼狈不堪，并会让身边的人大跌眼镜，失望至极。

所以，出席舞会等公共场合的女士们，一定要保持优雅的上下车姿势：上车时要侧身进入，切不可让头先进入。下车时也应侧身而下，脚先伸出车门，头部随着伸出去，之后立即站直，动作连贯漂亮。这样既不会让你成为大家的笑料，更不会使你在整整一个宴会上的精彩表现大打折扣。

第三，穿脱外衣也可以增添女性的优雅。

在众目睽睽之下，女人如何做到优雅地穿脱外衣呢？

首先，双手向后抓住衣领，用力将衣服向后垂下，使衣领退到肩部以下，然后两手臂在背后相叠，其中一只手握住另一只手的袖子，让那

只袖子先脱下，再将两衣袖一起拿回身前，以脱出袖子的手帮助另一只手，将两只衣袖一起握住脱离手臂。

其次，右手握住外衣的两只袖子，用左手握衣领，慢慢将外衣挂在衣架上，或者整齐地叠好，放在合适的位置上。如果没有挂衣架，就放在自己的座位旁边。

最后，出去的时候，右手拿起外衣左边衣领放在身后，让左手先穿入袖子，把肩部拉平。然后左手握住衣领上方，将外衣往身后微微垂下，右手往后伸去穿上另一只袖子。最后，将穿好的外衣拉平，不要有褶皱。

第四，拾取掉在地上的东西时，要注意优雅形象。

当你的东西掉在地上时，一定不要慌张匆忙地弯腰低头，把屁股翘得高高的去俯身捡拾，那样实在是不够雅观。

比较优雅的蹲姿有：高低式蹲法，下蹲时左脚在前，右脚稍后，不与左脚重叠，两腿靠紧向下蹲。左脚全脚着地，小腿基本垂直于地面，右脚脚跟提起，脚掌着地。右膝低于左膝，右膝内侧靠于左小腿内侧，形成左膝高右膝低的姿势，臀部向下，基本上以右腿支撑身体。

交叉式蹲法，下蹲时右脚在前，左脚在后，右小腿垂直于地面，全脚着地。左腿在后与右腿交叉重叠，左膝由后面伸向右侧，左脚跟抬起，脚掌着地。两腿前后靠紧，以合力支撑身体，臀部向下，上身稍前倾。

重点是要掌握蹲下去时姿势的要领：站在所取物品的旁边，蹲下屈膝去拿，不要低头，也不要弓背，要慢慢地把腰部低下，以两腿合力支撑身体，掌握好身体的重心，臀部向下，然后快速地把掉在地上的东西捡起来。这样的蹲姿既能保证女士的安全，又能使人看起来很优雅。

总之，在任何场合，最终令一个女人闪耀的还是她的内涵，就像花香一样更让人回味无穷。在办事的时候，大部分人都会被这样的女人所吸引，并主动帮助这样的女人。只要你用心修炼自我，在任何场合都保持自己的内涵，就能在事业上一展才能，成就大事。

善于控制情绪，
愤怒的时候数到三十再说话

在办事的时候，愤怒常常会使女人冲破理智的控制，犯下无法挽回的错误。而且，发怒对女人的形象也是极大的破坏。试想，就因为你的一时冲动，你在别人眼里原本温文尔雅的样子一下子就被凶悍粗鲁代替了，那是多么得不偿失啊。所以，会办事的女人会控制自己的情绪，愤怒的时候数到三十再说话。

刘晓芳是一家网络公司的职员，她待人一向温和，脸上总是洋溢着笑意。可是最近她变了，对同事和丈夫都失去了耐心，总是内心焦虑，动辄就会发火。后来，她静下心来想了想，发现自己的这种不良情绪来自于对工作中一个失误的担心。她说："尽管经理告知我不用担心，但我心里仍对此感到不安。"于是，她就在快要发怒的时候，从一数到三十，这样内心很快就能平静下来。

后来，刘晓芳试着将这些内心的焦虑用语言明确地表达出来，然后她发现事情并没有像她想象得那么糟糕。了解到了自己不良情绪的来源后，她便开始集中精力对付它。她在工作上更加卖力，尽力弥补自己的失误，结果，她不仅消除了内心的焦虑，还由于工作出色而被委以重任。

女人大都是感性的，所以比较容易受外界事物的影响。丈夫误解自己了，孩子哭闹了，公交车上被人踩脚了，被身边疾驰而过的汽车溅了一身污水了等，生活中这些各种各样琐碎小事都可能成为女人火冒三丈的原因。

其实，无论是谁，遇到诸如此类的不痛快的事情时，都难免会气愤和恼火。但是，生理研究表明，女人在发怒时会有一系列明显的生理变化，如心跳加快、胆汁增多、呼吸急迫、脸色改变，甚至全身发抖等，而这些生理变化会影响到女人的身体健康。

此外，发怒也是对女人容颜最大的威胁和损伤。因为人在暴怒时血管会扩张，使头颈部充血，并使中枢神经对血管的调节机能失调，影响面部健康肤色。在连续不断的怒火刺激下，皮肤色泽会变暗，面部会因失去弹性而加速松弛，出现皱纹，使细胞加快角化而衰老。事实证明，脾气暴躁、爱发怒的女人，容易出现皱纹，老得也更快。

女人在愤怒的时候，往往会口不择言，说一些过分的话，甚至会做出不恰当的举动。研究发现，发怒时最初的十秒钟是至关重要的，一旦熬过了这十秒钟，愤怒便会逐渐消失。所以，当你生气的时候，数到三十再说话，提醒自己要心平气和地解决问题，而不要被愤怒冲昏头脑。

其实，出现愤怒情绪是多想的结果。生活中的一些小事，往往不能细想，与其越想越气，不如把它抛在脑后，以保持心境的平静。确立了这种自我意识，就能逐步实现控制愤怒，最后达到消除愤怒的目的。

加州大学一位心理学教授说："我们许多人都仅仅是将自己的情绪变化归之于外界发生的事，却忽视了它们很可能也与你身体内在的'生物节奏'有关。我们吃的食物，健康水平及精力状况，甚至一天中的不同时段都能影响我们的情绪。"可见，女人的情绪变化是有一定规律的，我们一定要遵循"生物节奏"的规律，并根据它了解自己情绪的波动，以此找出更好的控制方法。

愤怒情绪往往会从轻微的烦躁不安发展到严重的咆哮发怒，甚至丧失理智，久而久之，就会成为一种习惯，变成一种侵袭人际关系的"癌症"。可见，在办事的时候，女人的发怒就像"双刃剑"，既会伤害别人，也会伤及自己。

办事遭冷遇，也不失理智

女人在办事的时候，经常会遭受冷遇。这时，最高明的办法莫过于坦然地接受它，并努力使自己的心态达到平和，不但不为逆境所困扰，而且还能化矛盾为有利因素，使自己的精神永远不被打败。

一位刚从省城师范大学毕业的女学生，从都市来到偏僻的乡村学校，对新生活充满憧憬的她，却发现校长和同事们对自己并无多大的好感。她急于与身边几个年龄相仿的女教师搞好关系，却发现她们似乎总是回避她。这让她懊恼不已。在她遇到困难求助于周围女教师的时候，她们也总是冷硬地拒绝她。

她尽力想接近身边的几位女同事。虽然年龄相仿，但她们与她的生活经历、思想起点、知识教养、爱好情趣、习惯等都有许多明显的差异。何况女同事们在长期交往中，已形成一个固定的圈子，所以她被接纳的可能性不太大。

校长的态度也让她感到难过。校长认为，城里的女孩总免不了有点娇气，不能吃苦；没正式上过讲台，教学经验少，一下子适应不了；派头、手势、习惯等都让人看不惯。她感觉到校长对自己没有特别的关心和热情。这种态度与自己心中期望的相去甚远。

在这种情况下，女教师并不灰心，决定用自己的热情来面对现实。经过努力，她终于获得了校长的好感和同事的接受。她经常主动接近别人，寻找相互了解的机会，通过教学实践、集体活动等，尽量使自己符合"新来的女教师"这一角色规范。在日常交往中，她注意真诚、平等地对待他人，热心地帮助有困难的同事，并在自己有困难时也同样求助于他人。在合适的交谈机会中，她又使别人了解到自己的抱负、心

愿，用实际行动缩短了自己与同事们之间的心理距离，使他们较全面地了解了自己，并开始接受自己。当然，这样一个积极向上、乐观亲切的女孩最终赢得了大家的认可。

女人在办事的时候，可以通过"以热对冷"的方式使对方"升温"。在对方对自己印象不好或产生误会的时候，你可能一时难以使对方对自己充满好感。这时候，你可以保持一种不冷不热的态度，相信时间能解决一切问题。当对方了解你的时候，误会就会消除，前嫌也会冰释。对方会和你一样也希望彼此能够很好地相处。因此，当对方因误解而对你很冷淡时，你大可耐心地等待机会，用热情温暖对方。

会做事的女人，即使遭受冷遇，心也不会冷。她会做出相应的忍让，使事情不会变得更加糟糕。聪明的女人明白做事的规律，知道做事情是一个渐进的过程，会主动表示友善，将表面距离拉近，一方面掩饰彼此之间的不良情景，另一方面借机接近对方。

在冷遇面前的低姿态，可以避免与对方的直接冲突。等对方发现你对他的尊重时，他会反过来尊重你。其实，有时候遭受冷遇，并不是自己不够优秀。也许只是因为曾经的一些摩擦让对方记恨在心，也有可能是对方不够了解你。这个时候，你要与对方调整关系，或与对方沟通和接触，让对方知道你的能力。特别是在工作的时候，如果受到领导的冷遇，你可以有意识地去寻找与领导交流的机会，如请教一个问题，提出一个建议，与领导聊天……同时，你不妨在某一领域，如跳舞、书法、写作一显身手，从而引起领导的注意。你甚至可以通过增加在领导面前出现的频率来强化他对你的印象和兴趣，从而为交流奠定某种心理基础。

如果你在受冷落的时候，不小心也发威了，那么你就有可能失去一个很大的发展机会。有时候，你不妨留着这样的愿望，用这段时间努力武装自己、充实自己，增长自己的才干，做好充足的准备。当你将名声、实力摆在别人的面前时，你办事的时候能不受青睐吗？别人会不争先恐后地帮助你吗？

受冷落的时候，还要学会推销自己。学一些相关的推销技巧，让对方看到自己的重要价值，换句话说，就是尽力展示让对方喜欢的理由。相反，在做事的时候，不懂得忍的人，只会空耗时间和精力，让自己面对的环境更艰难。

现代人际关系变得越来越复杂，当你处于弱势地位的时候，遇到的多半是冷面孔。这个时候，你如果自尊心太强，就可能失去改善彼此之间关系的机会。有时候，在办事的时候，不妨放下面子，用自己的热情温暖别人的心。

宽容伤害过你的人

正如《韩诗外传》所说："德行宽容，而守之以恭为荣。"女人的宽容是一种美德。特别是对于曾经伤害过自己的人，要理解对方的错误，也要允许对方真诚地改正错误。因为宽容不仅能帮助别人认识自己，反省过失，同时也能化解矛盾，避免关系进一步恶化，摆脱相互报复的恶果，消除内心的后顾之忧。

《马太福音》中有这样一条教义：当有人打你的右脸时，你应该把左脸也转过来让他打。在办事的时候，这种以德报怨的宽容，可以感化对方，从而达到化干戈为玉帛的目的，公理自在人心，对方或旁人也会因此看到你的博大胸怀和良好修养。其实，你已经在无形之中投资了一笔人情，而且极有可能是"一本万利"的最佳投资。

一位女顾客在一家酒店门前摔了一跤。本来天气燥热得让人心烦意乱，又这样丢人现眼地跌倒在地上，她就怒气冲冲地闯进酒店女老板的办公室，嚷道："你们门前的地板太滑了。我在门口滑倒了，摔伤了脚，你必须马让把我送到医院治疗！"她边说边用手扶着脚部，装出很

痛的样子。

女老板安静地听她说完，笑着向她道歉，并安排车辆送这个女顾客去医院，然后和秘书一起扶着那位女顾客来到车前，并拿出一双拖鞋让女顾客换上。

当那位女顾客离开办公室后，女老板把她换下来的鞋交给秘书说："顾客的鞋底都磨光了，你马上把它送到外面的修鞋处钉上橡胶后跟。"

经过检查，女顾客的脚部并无异常情况。女老板拿着医院的检查报告单对女顾客说："没有发现什么异常情况。我们回酒店休息休息，喝杯冷饮解解暑吧。"

女顾客听到这些话时，对自己刚才的做法感到有点内疚，并解释说："地板刚冲过水，很滑，实在危险，我只是想提醒你注意一下。"接着，她又像是为自己找台阶下似的说："这次摔倒的是我，要是摔倒了上年纪的人怕就麻烦大了。"

女老板拿来已修好的鞋子说："请不要见怪，我们冒昧地请人修了您的鞋子。您的鞋底都磨平了，若是穿着它在楼梯上滑倒，那可就太危险了！说实在的，您是第一位在我们酒店门口滑倒的人。"

女顾客面带愧色，接过修好的鞋子，不好意思地说："给你们添麻烦了，我掏腰包。"

"这是对您表示的歉意，您要付钱，就见外了。"

女顾客被女老板的宽容所感动，上前紧紧地握住女老板的手说："请原谅我的无礼和粗鲁，我真对不起你！"

这位女老板用宽容的胸怀让这位女顾客深受感动，后来，她们成了莫逆之交。

本来女顾客在门前滑倒，酒店是没有太多责任的，况且是女顾客自己不小心摔的跤。面对对方的无理取闹，女老板没有据理力争，而是用自己宽容的行动感化了那位女顾客，并且双方最终成了一对很好的朋友。可见，宽容会使人终生受益。

处事以宽容为本的女人，必有海纳百川的雅量。那么在办事的时候，朋友定然会自动向她伸出友谊之手。这种宽容的品德可以让一个女人听到不同的意见，从中汲取有益的营养。

筱维进入一家私企后，有个老员工爱在她面前摆架子，支使她做这做那，总是把工作上的责任推诿于她，她因此挨了经理不少的批评。换了别人，可能早就不干了，或伺机报复老员工。但是筱维却从不计较，反而努力去找他们身上的优点：经验丰富、说话很有技巧、工作能力很强等，向他们的优点看齐，努力使自己也具备那些优点。久而久之，时时都以笑脸相迎的筱维获得了大多数人的好感，在职场中如鱼得水。

其实，在办事的时候，对方算计你，你有能力报复，却不去报复，反而宽容待人，对方也就自然与你拉近了距离，成为你可以依靠的人了。这样常常能够以很小的代价换来对方的信赖，并使其甘愿为你付出。你也能够树立自己的威望，得到更多人的尊敬和拥戴。相反，如果你打击报复对方，那么只能为自己埋下更多的怨恨，得不偿失，而且有可能树立更多的敌人。

打击报复会使仇恨越积越深，以仇报仇将使仇恨无休无止。在办事的时候，我们要避免争执，尽量化解矛盾，团结共事，这样就会避免做无意义的争斗。

在办事的时候，我们难免会遇到这样一些人，他们常常在一些场合粗暴无礼，无端挑剔，明明是自己错了，却要倒打一耙，推卸责任，诿过于人。遇到这样的人时，不要以牙还牙，针锋相对，而应首先保持冷静和理智，让沟通得以继续。如果能做到宽以待人，任何不愉快的事都将迎刃而解。

总之，心胸狭窄的人很难容人容事，他们的路只会越走越窄，所以"小心眼"是女人成大事最忌讳的，如果能用宽容的心态去生活，就可以让许多烦恼和难题迎刃而解。有一句话说得好："宽恕别人是对自己最好的解放。"如果总是把别人的过错和自己的失败放在心里，那么日子久了，你的心灵就会不堪重负，更别说享受生活了。所以，聪明的女

人都善于用她们宽容的心去包容别人，有时甚至用自己心灵的明灯去照亮别人。

准时，也是一种礼貌

有教养、有品位的女人无论是开会、赴约，还是做客，都不会迟到。她们懂得，即使是无意迟到，对准时到场的人来说，也是不尊重、不礼貌的表现。

真正有教养、有魅力的女人必定有准时的习惯。拿破仑曾经说过，他之所以能战胜奥地利人，是由于奥地利人不知道五分钟的价值。而实际上，即使一分钟的不准时也会让自己遭遇一场不幸。试想，一个约会常常迟到的女人，她的信用还有人愿意相信吗？这样的女人即使实际上是一个诚实的人，迟到和延期每每都是出于其他的原因，但无论怎样的原因都不能成为理由，都无法弥补不准时给自己带来的负面影响。

李朗是一家航空公司的董事之一，除了对工作严格要求外，他最大的特点就是一贯非常准时。在他看来，不准时是一种难以容忍的罪恶。

有一次，李朗的一个老朋友的女儿求他为自己安排一份空姐的工作，李朗知道她的条件还不错，于是与她约好，周二上午九点钟在自己的办公室里见面，然后陪那位女孩去会见航空公司客服部门的人员。到了这一天，那个女孩竟比约定时间晚了20多分钟。所以，当她到李朗的办公室时，李朗先生已经离开办公室，开会去了。

一个星期后，李朗老朋友的女儿再去求见李朗。李朗问她那天为什么失约，那个女孩竟然回答道："哎呀，李朗伯伯，我哪有失约，不到九点半我就来了，可您不在办公室！"

"但我们约好的时间是九点整啊！"李朗提醒她。

女孩撒娇地说："迟到一二十分钟有什么关系呢?"

李朗先生很严肃地对她说:"谁说没有关系?你要知道,能否准时赴约是一件极紧要的事情。就像这件事,你因为不能准时已失掉了拥有你所向往的那个职位的机会,因为就在那一天,客服部门已经有数十位刚刚通过考核的空姐上岗了。而且,你也没有权利让任何人等你20分钟,这是非常不礼貌的行为。老实告诉你,在那20分钟的时间中,我必须赴另外两个重要的约会,我也不能让其他人等我。"

有人曾经说过,准时是国王的礼貌、绅士的职责和商人的必要习惯。因为不能准时,很多人失去了机会,但是,聪明的女人们不会犯这样的错误,她们珍惜时间,也礼貌地对待别人,也正是因为如此,她们也在坚持准时的原则之后,收获了自己的成功。

鲁迅先生曾说,节约时间,也就是使一个人有限的生命更加有效,也即等于延长了人的生命。在办事的过程中,再也没有别的什么事情比准时更重要,有教养的女人即使因某种原因开会迟到了,那么,她也会尽可能悄悄地走进会场,力求不因为自己的到来而影响会场的气氛。她会坐在紧靠门口的椅子上,而不是在屋里来回走动,到处去找座位。

但是,在生活中,很多女人认为"准时是男人的专利,迟到是女人的特长"。其实这种想法是非常不理智的,准时应该是一种礼貌,而不是用来撒娇的手段,这一点,无论对于男人还是女人,都是一样的。

有些女人经常迟到,就连每天上班的时间都掌握不好,甚至对此没有什么愧疚之心。如果说迟到是因为交通意外等不可预测、不可避免的事导致的话,也许还能得到原谅。可是大部分女性,往往是因为自己出门前过多地打扮而耽误了时间。而且即使迟到了,自己还觉得理所当然,不以为意。这种女人是很难得到别人的尊重的。

时间是宝贵的,懂得珍惜时间的人,不仅会注意不浪费自己的时间,也会时时注意不能够白白浪费别人的时间。管理好自己的时间,就是让自己无论在做什么事的时候都能够轻松应对、游刃有余。在办事的时候,一个守时的女人,必将获得别人的尊重。

良好修养，从一点一滴做起

女人在日常生活中表现出的点点滴滴都能透露出其修养。言谈举止通常是认识、了解一个女人最直接的一扇"窗子"，所以，拥有良好修养的女人要懂得用得体的言谈举止表现你的魅力。

女人的良好修养并不是笑不露齿这么简单，每一个女人的成长，都是在一言一行的积累，一点一滴的磨炼中完成的。要避免在社交场合给人留下不好的印象，要知道行为上的瑕疵，是任何一个女人都不该犯的错。想要在办事的时候处处顺利的女人更应该如此，下面是女人在日常生活中应该注意的细节。

1. 不要打哈欠

女人在与人谈话的时候一定不要随意打哈欠，尤其是当对方在聚精会神地发表意见时，即使你已经感到很疲倦了，也要按捺住性子别让自己打哈欠。因为打哈欠在社交场合中给人的印象是你不耐烦了，而不是你疲倦。所以为了避免引起交际对象的不快，不应该随便打哈欠。

2. 避免口中有异味

有些女人口中常会有异味，这种情况要尽量避免出现。建议经常在各种社交场合出现的女人们，一定要坚持每天刷牙，消除口腔异味，维护口腔卫生，切勿用以水漱口和咀嚼口香糖一类无效的方法来替代刷牙。更要注意，在出门前不能吃生蒜、生葱和韭菜等带刺激性气味的食物，免得在与人说话的时候，让自己"带味道"的谈吐，使自己的聊天对象感到不快。

3. 剔牙要注意形象

用餐后，很多人都有剔牙的小动作。既然这个小动作不能避免，就得注意剔牙时的礼仪细节：最好用左手掩嘴，头略向一侧偏，不要露出牙齿，而且不要把碎屑乱吐一番，吐出碎屑时要用纸巾接住。

4. 频繁看表不礼貌

在与人交谈时，如果频繁看表则表示自己还有其他重要约会，这样对方与你的谈话就很难继续下去了。同时，你的这种小动作可能引起对方的误会，认为你没有耐心再谈下去。所以，聪明的女人决不会犯这样的错误。如果自己确实有事在身的话，最好婉转地告诉对方改日再谈，并表示歉意。

5. 不要在众目睽睽之下窃窃私语

在众目睽睽之下与同伴耳语是很不礼貌的事。耳语被视为不信任在场人士所采取的防范措施，要是你在社交场合老是耳语，不但会招惹别人的注视，而且令人对你的教养表示怀疑。

6. 不要飞短流长

"长舌妇"肯定被人们视为缺乏风度和教养的人。一个女人，即便你穿得珠光宝气，一身雍容华贵，若在社交场合说长道短、传播绯闻，必定会惹人反感。再者，所谓"坏事传千里"，这种场合中的"听众"虽是陌生人居多，但只怕你不礼貌、不道德的形象会从此传扬出去，别人——特别是男士，自然对你"敬而远之"。

7. 不要大笑失声

最令人觉得女人没有教养的行为就是大笑失声。不管你听到什么让人捧腹的趣事，在社交宴会中，也得保持仪态，顶多报以一个灿烂的笑容即止，不然就要贻笑大方了。

8. 双腿不要抖动

有些女人站着的时候还好，一旦坐下就会小动作不停，最常见的就是双腿不断抖动。这种小动作虽然无伤大雅，但双腿颤动不停会令对方觉得不舒服，而且也给人造成情绪不安定的感觉，这也是失礼的。

9. 不要忸怩做作

女人最忌讳在社交场合忸忸怩怩，故作姿态。假如发觉有男士注意你，一定要表现得从容镇静。若对方是从前跟你有过一面之缘的人，你

可以自然地跟他打个招呼，但不可过分热情，或过分冷淡，免得影响风度。若对方跟你素未谋面，你也不要太过忸怩，或怒视对方，你可以有技巧地离开他的视线范围。

10. 妆容有度

化妆不仅可以美化自己，同时也体现了对别人的尊重。但是，做任何事情都贵在适度，化妆也不例外，过分醉心于美容，妆化得过于浓艳，不仅有损于皮肤的健康，而且还有碍观瞻，因此，妆容要坚持自然、协调的原则。

11. 站姿要优美

站立时要抬头、挺胸、收腹，肩膀尽量往后垂，将身体重心放在脚后跟上，使自己站的时候看上去有点像字母"T"，显得镇定、大方、沉稳。这样的站姿才能给人舒服、自然之感。

12. 行姿要独有风韵

行走时要抬头、挺胸、收腹，肩膀往后垂，手要轻轻地放在两边，轻轻地摆动，步伐要轻快，不拖泥带水。这样的行姿才能让女人独有风韵。

13. 坐姿要得体

膝盖并拢，腿可以放在中间或两边；如果要跷腿的话，两腿一定要并拢，当裙子很短的时候，一定要保证裙子能遮住膝盖。

14. 举手致意或者挥手致意

女人可以用这个手势来向别人表示问候、致敬、感谢。当你看见熟悉的人，又无暇分身的时候，就举手致意，这样可以立即消除对方的被冷落感。女人在挥手时千万不要忘记伸开手掌，还要注意掌心向外，面对对方，指尖朝向上方。

15. OK 手势

拇指、食指相接成环形，其余三指伸直，掌心向外的 OK 手势源于美国，在美国表示"同意"、"顺利"、"很好"的意思；而在巴西则表示粗俗下流；在法国表示"零"或"毫无价值"；在泰国表示"没问题"；在日本表示"钱"。女人一定要根据地域酌情使用。

16. 摆弄手指

男人往往会反复摆弄自己的手指，要么活动关节，要么捻响，要么攥着拳头，而女人如果做这个动作，往往会给人一种无聊的感觉，让人难以接受。

17. 双手插在口袋里

这种动作普遍被视为是在表示悠闲。所以在工作中通常不要把一只手或双手插在口袋里，避免让人觉得你在工作上忙里偷闲，不能做到尽职尽责。

18. 胜利的手势

这种手势是二战时的英国首相丘吉尔首先使用的，现在已传遍世界，表示"胜利"。如果掌心向内，就变成骂人的手势了。

19. 双手抱在脑后

很多人喜欢用单手或双手抱在脑后的动作来达到放松身体的目的。在别人面前特别是给人服务的时候如果这么做的话，就给人一种目中无人的感觉。

20. 其他姿势

在交际活动时，当众搔头皮、掏耳朵、抠鼻子、咬指甲、手指在桌上乱写乱画等姿势都会让人反感，严重影响自己的形象。

良好性格，有助于融洽人际关系

性格有时会决定命运。一个女人的性格如何，对于塑造自己的交际形象十分重要。只有性格完善的女人，才能有效地控制自己的情绪，设身处地地为别人着想，理解对方的感受，尊重他人的意见，最终拥有更融洽的人际关系。当然，在办事的时候她们也会得心应手。

具有完美性格的女人总是惹人喜爱。比如，我们可以跟活泼的女人

玩得开心，因为她们总能表现出对生活的积极态度；我们可以跟知足常乐的女人和谐相处，因为她们即便遇到挫折，看到更多的也是希望，而不会一味地悲观消沉。相反，不良性格的女人往往会遭到众人的排斥。

郑圆在工作的时候，认真负责，反应迅速，思路清晰，有毅力，具备作为职业女性的各种素质。但郑圆却有个致命的性格缺陷，就是太在意别人对自己的看法，认为别人对她的反应高于一切。因此她在考虑问题时难免欠客观，且总是顾虑重重。

郑圆每当看到同事或上司的脸色不对时，都会想方设法去解释自己行事的因果。事实上，某些事情是不需要去解释的，本来很简单的事情，由于掺入了她的解释反而变复杂了。

郑圆的性格给她带来了很负面的影响，虽然她也工作数年，但公司每次提拔领导，都把她排除在外。其主要理由就是她没有主见，一个连自己性格都管理不好的人，如何去管理下属呢？

可见，女人在职场中成功的关键因素就是她的性格。感性是女人的重要天性，但不要放纵自己的感性，在办公室中要能管理好自己的情绪，做个理性的女人。别人的观点和意见对于自己的工作虽然十分重要，但没有必要每件事都以别人的思维为主导，不加入自己的判断和认识。应该重视别人的反应，但不能让它左右你的原则，凡事都要有自己的主见。职场是个把自己的才智贡献出去的地方，融合与被融合是最重要的。

其实，女人要完善自己的性格，就要先克服不良性格，实现从不良性格向优良性格的转变。一般来说，这一点不是很容易就能做到的，它需要有一个长期努力的过程。女人性格成熟的进度，往往是同性格修养的认真程度成正比的。越认真，性格成熟得也就越快。

大凡在历史上很有作为的杰出人物，他们的性格中都有许多"闪光点"。他们的优良性格是不是天生的呢？当然不是。他们的优良性格主要是他们在后天实践过程中，顽强地进行自我修炼的结果。正如孔子所说："吾十有五而志于学，三十而立，四十而不惑，五十而知天命，六十而耳顺，七十而从心所欲，不逾矩。"

所谓的完善性格，不是要求女性朋友改变自己的气质类型，而是要认清自己的气质类型及自己的长、短处，自觉地发展自己的优良品质，克服某些不良的品质，从而成为气质的主人。

第二章
提前放贷人情为办事做准备

俗话说得好："平时多烧香，急时有人帮。"会办事的女人会从长远出发，未雨绸缪，进行一本万利的感情投资。这样，在自己遇到困难的时候，就会及时得到人情回报。

感情投资需要长期进行

　　会办事的女人明白，人情这东西要靠经常的联系来巩固，常问候就是最好的感情投资。这就像"储蓄"一样，可以"零存整取"，到了需要时，你就会发现它既能看得见，又能感觉得到，还有利息，你会收获到比当初投入时更多的东西。

　　周萍23岁的时候，一个人从英国到加拿大去生活。她刚刚到那儿的时候，对一切都很陌生，更不用说什么社交活动了，她几乎没有认识的朋友，总感觉很孤单。最重要的是，有事的时候，她连一个可以求助的朋友都没有。一段时间之后，周萍决定要改变这种局面。

　　周萍每星期工作五天，每到星期六和星期天，她都会邀请朋友到自己家做客，并把这当成是一种经营人脉的方式。而星期一至星期五，她也会常常和朋友通电话，即使无事也打电话，哪怕只是寒暄几句或者讲些无关紧要的事。

　　一段时间后，周萍一旦有事情，朋友会立刻聚在一起为她找解决的办法。哪怕是很棘手的问题，朋友也会尽心尽力地去帮她。

　　聪明的女人明白，感情是在不断的交往中加深的，要在相处中逐步体现自己对他人的关心、热情和帮助。在平时就表现出对别人的关心和问候，是非常明智的，只有这样，你才能在需要别人帮助时得到别人的帮助。

　　可见，友情是需要养护的，就像养花一样，要经常给它浇水，否则它会凋零。我们既然已用心建立了人脉网，就要精心去经营，防止功亏一篑的事情发生。特别是在当今社会，人际关系复杂，一些能力强的女人每天都会结识新的朋友、新的客户，这就需要投入更多的精力。

会办事的女人十分注重感情投资，她们明白感情投资不会立竿见影，所以，她们会在感情方面进行长期的投资。因为如果能够建立起长期相互信赖的人际关系，对自己今后事业的发展将有着极大的促进作用。

刘璐是广州一家笔庄的老板。1990年在广州创业时是她人生中的最低谷。但她并没有放弃，而是经常出没于广州的各个画廊、美术院校，只要有机会就给别人看她的笔。

有一次，刘璐在一个画廊里看到广州画院的副院长也来参观。刘璐看这位副院长气度不凡，就拿出一支上好的毛笔要送给她，副院长看后感到很惊讶。这次巧遇使副院长对刘璐的笔产生了浓厚的兴趣，以笔会友，两个人在研究笔的过程中结下了深厚的友谊。

为了让更多的人了解她的笔，副院长决定帮她开一个笔会，并免费提供场地。通过笔会，刘璐认识了画院的更多的朋友。他们还帮助她解决了欠了多年的债务问题。还掉债务后，刘璐的心情也轻松起来。时间久了，通过书画家们和顾客间的相互介绍，她的笔庄在广州渐渐闯出了名气。

如今，刘璐已经拥有了两个笔庄、一家工厂，每年制作销售毛笔四五万支，刘璐正走在成功的创业路上。

"人情生意"是一本万利的。一种行为必然引起相应的反应，这是一种常见的现象。因此，每个女人都应时时存乐善好施、成人之美之心，为自己多储存些人情的积蓄。相反，不肯增加储蓄而只想大笔支取的人是无人理会的。

现实生活中，有一种"人情生意"是自然形成的。有些女人遇到了相互比较投缘的人，有了成功的合作，感情也就自然融洽起来了，这就是我们常说的"有缘"的人。有缘自然有情，关系好的时候，互相付出自然不在话下，但要保持长期的相互信任、相互关照的关系也不那么容易，仍然需要不断地进行"感情投资"。

而生活中，一些女人忽略了投资"人情生意"，甚至已经忘掉了这一点。这就会出现各自为了各自的利益，互相起疑心的情况。其结果是双方由合作转为对立，人情变成了敌意。

这种情况出现的原因是：一旦关系好了，女人就不再觉得自己有责任去保护它了，往往会忽略双方关系中的一些细节问题。比如，该解释的情况不解释，总认为"反正我们关系好，解释不解释无所谓"，结果经过日积月累，彼此之间形成难以化解的问题。

因此，我们要时刻懂得珍惜我们的人脉，即使再忙，也要找时间沟通感情。否则，好不容易建立起来的人脉网就会因为我们的不善经营和维修而遭到破坏，等到关键时刻找不到人帮忙时才后悔。

每周抽点时间向朋友适时地表达自己的问候和关心，这是加深感情的最佳方式。比如记住对他们而言比较重要的日子，如生日、结婚纪念日等。到时候，如果能去，就尽量当面祝贺；无法脱身时，也要想办法表达自己的祝愿。

"路遥知马力，日久见人心"，所谓以情动人贵在真诚持久。感情投资需要较长的时间才能结出果实，毕竟理解与信赖需要一个过程。女人应当坚信，"精诚所至，金石为开"，只要工夫到了，误会消除了，你就一定会拥有一批非常忠诚的朋友。

决不做平时不联系，
一联系就有事的女人

生活中，很多女人都是遇事"临时抱佛脚"，平时从来不联系，一联系准有事。俗话说得好："平时多烧香，急时有人帮。"广泛的人脉网络的建立不是一日之功。会办事的女人从来都有长远的眼光，懂得早做准备，未雨绸缪。这样她们在急时就会得到意想不到的帮助。

初入职场，张晴进了一家还算说得过去的民营软件企业。该企业在当地也算小有名气，张晴也因此成为当时比较风光的 IT 人士，主要负责老板和销售部门的行政文字工作。她从一个普通的办公室文员做起，两年内晋升为知名大公司的总经理秘书，成为老总的得力助手；三年后毅然放弃总经理秘书职位，而加盟到当地最优秀的猎头公司，专为职场人士做"嫁衣"。出色的人脉管理水平，不但为她插上了腾飞的翅膀，更为她的人脉圈带来了无限的价值。

与众多的大学毕业生一样，刚走出校园的那份稚嫩和天真同样深深地印在张晴脸上。但张晴是一个有心人，她说："当时最大的体会就是，工作跟学习不一样了，很多事情自己都不懂。"然而张晴正是有了这种高度的自觉意识，才成就了她作为职场新人的第一步辉煌。

跟其他应届毕业生一样，那个时候她刚出校门，朋友比较少，人脉圈子无非还是以同学为中心。即便如此，她还是很好地利用了自己的人脉资源，她和大学同学，甚至中学、小学的同学每年都会聚一聚，联络一下感情。平时工作不忙了，也总不忘叫朋友出来喝杯茶。

天生大方、豪爽的性格，使得张晴总是寻找着各种各样的机会，以虚心学习的心态去跟同事、领导交往。后来，她的这种态度得到了办公室主任的高度赞赏。"办公室主任一直比较看好我，甚至非常细心地教导我"。正因为如此，张晴理所当然地成为当时十几个同期进入公司的应届毕业生中比较出众的一位。

会办事的女人从来都是平时"烧香"，而且从来不会冷落一时不得志的朋友，她知道自己没准哪天还需要人家的帮助。

事实上，人都有感情，感情交流得多了，自然就建立了良好的人际关系。会办事的女人明白，要建立人脉关系，必有主动的一方，若自己取得主动的地位，就有成功的可能。别人的情就会向你"播撒"。与大家建立人脉网络，人人都愿意成为你的朋友，这样你才能成为无往不利、所向披靡的办事高手。

相反，有些女人平时不联系对方，有事情的时候才联系，这样对方

肯定会充满反感，在为你做事情的时候，也不会尽力尽责。其实，反过来想想，如果别人对自己这样做的话，自己同样不会感到愉快。人与人之间的关系，是靠经常的联系来巩固和加深的。女人经常和朋友联系是感情投资的一种，如抽时间给他们打个电话，发个邮件或短信，甚至在一定的时间给他们惊喜。这样在有困难的时候，他们也会尽力帮助自己渡过难关。

当然，女人在与朋友保持联系时，决不要像"猴子掰玉米"一样，掰一个丢一个，而是在平时要经常和所有的朋友保持联系。有了交情，我们才会收获感情的回报。

女人要铭记：人情投资最忌讳讲"近利"。讲"近利"，就有如人情的买卖，就是一种变相的贿赂。对于这种情形，凡是讲骨气的人，都会觉得不高兴，即使勉强收受，心中也总是很别扭。

那么，女人怎样才能在社会群体或工作环境中建立强大的人脉网络呢？要在别人遇到困难时主动帮助，在别人有事时不计回报，"该出手时就出手"，日积月累，留下来的都是人缘。即便是平日里无事的时候，也不要疏于联络。比如，你可以在外出的时候，顺路到朋友的孩子所在的学校看望他们，给他们买一些他们喜欢的小礼物；你可以找一些看似恰当的理由，与朋友聚一聚，叙叙旧。

如果女人靠个人力量以求发展，发展就会很有限。若多与各方朋友结缘，则发展的后劲没有止境。一个女人可以一无所有，但一定要有良好的人脉，人脉是女人无形的资产，它可以让女人从贫穷到富有。所以，人脉的力量，女人绝对不可小视。

积累人情：在小事上体贴他人

大多数女人在小事上不太在意，甚至对其不屑一顾。但是，就像常言说的，勿以恶小而为之，勿以善小而不为。对别人的关心，也是一样的道理。在这方面，会办事的女人就做得非常到位，不仅在小事上体贴别人，还能让对方感受到自己真挚的情意。

事实上，"于患难处见真情"的机会并不是常遇到的，人们之间的感情更多体现在日常琐事之中。这对于观察人是否真心，友谊是否长久，是非常有效的。所以，聪明的女人会在小事上关怀别人，体现出对人的友善态度，获得别人的认同和感激。

刘晴在上大学的时候，大家只觉得她心细如发，做事不那么雷厉风行，虽然通常会为她的好心而动容，但说实话，对于她的将来，还真没有人特别看好。从学校毕业后，他们那一届的学生大多被分到一家由一些女性占据领导地位的国营单位，大家都觉得有点不那么自在，但刘晴很快就与她们打成一片了。

年会时，一些同事把自己的小孩子带来玩，一般没有结婚的女子顶多出于礼貌过去逗孩子几分钟，吃饭的时候都躲得远远的，生怕孩子的油嘴、油手弄脏了自己的衣服。但是刘晴却不同，她看起来是真心实意地喜欢那些孩子。她坐在小孩子旁边，喂他们吃饭，给他们擦鼻涕……哪怕自己吃不好饭，而且干净的衣服被弄得脏兮兮的。席终，她成了孩子们最喜欢的阿姨，这些带孩子的同事也同她结成了好友。

刘晴是分到单位去的同学中升职最快的。当初有一个名额分到公关部，大家怎么也想不到会是外貌、英文都一般的刘晴。真实，刘晴并没有使用什么特别的手段，只是一味真诚地待人。

有一次，大家一起哄让主管请客吃火锅。起因是主管平时比较节俭，但那次因为得了奖，拿了一笔奖金。刘晴知道主管的难处，就决定帮助他一下。去的时候，刘晴让大家先行，说有点事要办，但特别叮嘱大家要去包房，要等她到了再点菜。大家坐了好一会儿，刘晴才到，并拿了一大包从超市里买来的东西，神神秘秘的。等服务员一出包房门，刘晴赶紧从塑料袋里取出她从超市里买来的蛋饺、鱼丸、蟹肉棒、午餐肉、芋芳、年糕……

这样，每次请服务员出去加汤的当儿，刘晴就往汤里倒一大堆东西，结果大家只花了很少的钱，就在那家有名的火锅城里大吃了一顿。当晚，最高兴的当然是做东的主管。主管对于刘晴的善解人意、体贴而感激不已。

一位著名心理学家曾说过："不对别人感兴趣的人，他一生中的困难最多，对别人的伤害也最大。所有人类的失败，都出于这种人。"在我们的生活中，不是每个女人都有碰到大事的机会，更多的女人只是在平凡的小事中度过了一生。所以，如果你保持了对别人的兴趣，处处从小事上体现对他人的关怀，就会赢得别人的信任。因为小事不易被记住，而你在一些不经意的小事上展示你的诚意，别人会在惊喜之余，获得一分感动。

事实上，生活中，女人会有很多的问题，就是因为一方不把另一方放在心上或者双方彼此冷漠，进而造成了种种仇视和敌意，并给我们的人际关系带来了很多障碍。相反，如果你对别人多一分关注和关怀，相信人们之间的关系就会变得非常融洽。

一个富太太整天抱怨人们不喜欢她，并说她太自私、太小气。于是她找到了心理医生，并抱怨道："我的遗嘱已经写好，要把我所有的财产捐给一家慈善机构。可是人们为什么还对我不满意呢？"

心理医生并没有向富太太作正面的解释，而是给她讲了一个故事：猪和牛都是家畜，但是人们对牛的感情明显要比对猪好。猪很想不通，就去牛那里抱怨："人们说你友善固然很对，因为你给了人牛奶。可是他们从我身上带走的东西更多啊，他们得到的香肠、火腿、肉不都是我的吗？可是，人从来都没有喜欢过我，相反，他们总是非常讨厌我。这到底是怎么一回事呢？"牛想了一会儿说："可能是因为我在活着的时候就给人许多好处了吧。"

心理医生的这个寓言告诉我们，女人要想赢得别人的尊重和喜爱，就要在平时的琐事上多给别人帮助，不要期待等到大事发生后才去显示自己的关怀。在待人用人方面，不仅当别人有困难的时候，要伸手援助；在平常的时候，更要对别人多加关心，尤其在小事上要关怀别人，心里始终装着他人的冷暖。

帮忙帮到底，"半截人情"不讨好

聪明的女人应该培养正确的人情观，而不要送"半截人情"，因为"半截人情"是出力不讨好的事情。人情要做得充分，让别人觉得你尽力了，这样才能使你的人际关系更加牢固、和谐，朋友也会更愿意在你需要的时候，伸出友谊的手，拉你一把。

刘爱静求朋友温娜帮忙办点事，温娜一口答应："你就放心吧，交给我好了。"几天之后，温娜倒是给刘爱静帮忙了，但只帮了一半，自己就撒了。刘爱静心里很别扭，但又说不出什么来，只有在心里埋怨温娜："要帮忙就帮到底，现在弄到半截不做了，这不让我骑虎难下吗？"

像温娜这样，人情做一半，绝对是出力不讨好的。帮忙要帮到底，帮到一半，还不如不帮，因为你让当事人非常尴尬：早知道你做不到，这事情我就不做了，但现在你已经开始做了，但又只做了一半，让人进退两难。不仅浪费了你自己的时间，还耽误了我的事情，打乱了我自己的计划。这就是说，如果你做了这样的事情，非但不会在朋友那里落人情，反倒遭朋友抱怨，非但如此，这还会影响自己在朋友心中的信任度，说话不算数的朋友谁都不愿交往。

同时，在送别人人情的时候，一定要表现得大方而豪爽，否则，即使你送了人情，但是你的表现却是心不甘、情不愿的，也同样让朋友耿

耿于怀。既然答应了人家，就要做得爽快利落，而不能做得勉勉强强。

张敏刚买了一本书，正准备看时，同事小张来串门，拿起书翻看了几眼，就想借走。张敏很犹豫，说："你要借啊？这是我刚买的，还没翻呢！"小张神色黯然，有点不高兴。张敏觉得过意不去，又说："要不你先看吧，我借给你了。"虽然最后张敏把书借给了小张，但小张心里已经有点不舒服了，又怎么会感谢张敏借书的人情呢？无疑，这也是自己吃了亏又不讨好的"半截人情"。

会办事的女人面对这样的事情，就不会像张敏一样，说出前半句话。因为既然最后的结果是借给人家，你不说也是借，说了还是借，与其说些废话还不如痛痛快快地借给他，这样倒还落了个很足的人情。所以，人情要做足，好人要做到底。

对于重视人情的女人来说，要想让朋友之谊成为帮助自己成事的力量，就要在维系人情上多下工夫。会办事的女人知道，如果没有人情这个因素，朋友之间的关系就会淡漠，最后甚至消失。因此，在与别人相处的时候，会办事的女人会非常注意人情的问题。

当然，女人在送人情的时候，要表现得平和自然。即使你帮了别人很大的忙，也不要表现得像邀功的小丑一样，相反，要保持平静，表现得和往常一样，若无其事。朋友之间常有这样的应答："哎呀，可太谢谢你了。""咱们谁跟谁啊，没事。"这其实就是平和自然的表现。朋友找你办的事，若别人能办得成，朋友也不会找你了，这是肯定的事情。所以，你能办成肯定有功劳，用不着再去炫耀。你应该学乖点，不以此自夸，这样反倒会让朋友更加尊敬和感激你。

其实，对待人情的平和自然不仅表现在给别人人情的时候，还表现在还人情的时候。在还的时候，要还足，不仅如此，还要多还。正所谓：滴水之恩，当涌泉相报。让你还的人情大于他送给你的人情，这样你才会得到他以后的人情。这样的情谊才能在彼此的互帮互助中得到良好循环。

当然，聪明的女人应牢记：在送人情的时候，一定要看清对象，不要盲目地送人情。有时候，好心不一定都有好报；过于热情，有可能会成为朋友的负担。你要是以为好心都有好报，做完了人情必能换来交情，就未免太书生气了。所以，人情要做，但事前要权衡利弊，并以此为标准，多做对自己有利的人情，少做或不做对自己无利的人情。

助人于危难，让人铭记一生

助人于危难，就如同沙漠里赠与的水，是救命的源泉。会办事的女人会在朋友失意受挫或遭遇困难，最需要别人帮助时，让对方感受到自己的真诚和爱心，对方也会对这份交情刻骨铭心。

周莹莹做生意赔了本，她向几位朋友借钱，都遭回绝。后来她向一位平时交往不多的老乡伸出求援之手，在她说明情况之后，对方毫不犹豫地借钱给她，使她渡过难关。她从内心里感激这位朋友。后来，她发达了，依然不忘这一借钱的交情，常常给对方以特别的关照。

人的一生不可能一帆风顺，难免会碰到失意受挫或面临困境的情况，这时候最需要的就是别人的帮助。如果你能发自内心、自愿地帮助他，他就会深切地感受到，当然，日后他也会寻找机会帮助你。

在现实生活中，只有很少的女人能达到"人饥己饥，人溺己溺"的境界。但是，我们至少可以随时关注一下别人的需要，帮助自己的朋友脱离困境。比如，你的朋友身患重病了，你应该多去探望，陪他谈些他所感兴趣的话题；你的朋友因遭到挫折而沮丧时，你应该及时地给予鼓励；你的朋友愁眉苦脸、郁郁寡欢时，你应该亲切地询问他们，帮助他们寻找解决问题的途径。这些适时的安慰会像阳光一样温暖受伤者的

心灵，又会像甘露一样滋润干渴者的心田。

20世纪70年代初，菲律宾的塑胶业出现了严重的危机。由于石油危机波及东南亚，菲律宾的塑胶原料全部依赖进口。而此时的进口商趁机垄断价格，并抬高物价，让许多厂家难以接受，致使其停产，濒临倒闭。

在这个关键的时候，菲律宾一位女企业家出现在了风口浪尖。她倡议数百家塑胶厂入股组建了联合塑胶原料公司，并由联合塑胶原料公司出面，与国外直接交易。由于他们现在的需求量比进口商还大，而他们所购进的原料，降低价格，按实价分配给股东厂家。于是，进口商的垄断被打破了。之后，这位女企业家还将自己公司的13万磅原料以低于市场价一半的价格卖给了一些濒临倒闭的厂家。在这次危难之中，有几百家塑胶业的厂家得到了这位女企业家的帮助，她因而被称为菲律宾塑胶业的"救世女神"。从此以后，她在业内的威望更高，而自己的生意也越来越顺利。

成功女人会在别人处于危难之时给予其帮助，因为这样对方将会记得很久，感受也最为深刻。宋江为什么得到那么多英雄好汉的尊敬？正是因为他总是在别人最需要帮助的时候出现，以致人们称他为"及时雨宋江"，"及时"非常关键，帮得早不如帮得巧。

所以，聪明的女人会在给别人帮助或者援助时，做到恰到好处，这其中的关键是及时，助人于危难比锦上添花好。如果别人这个时候不需要帮助，为了表示你的友好，你非要主动帮忙，这就不会起到什么好的效果，别人反倒以为你这是故意要让别人欠你的人情，并不是什么真心实意的帮助。

在现实生活中，许多女人总是想从别人那得到一些东西。事实上，会办事的女人知道，要想得到，必先给予。但给予也要讲究技巧，要恰到好处，并不是所有的给予都会有积极的效果。如果你的给予能使你成为别人的恩人，那么什么时候你有了困难，别人也会在关键的时刻助你一臂之力。

人情虽小实惠多，一本万利好投资

女人在与他人交往的时候，最容易让对方产生信任和感动的，往往并不是那些倾囊相助的义举，相反，平时的小恩小惠更能拉拢住别人，从而使自己在人际交往中变得畅通无阻。会办事的女人知道，这些平时的小恩小惠，会在将来为自己带来不可估量的人情回报，可谓是一本万利的投资项目。

经理周丽的公司有一个司机，经常胃痛。周丽知道之后，就嘱咐他多注意饮食。每次公司让他出车时，周丽都要他带上一包饼干，怕他半路上因饥饿而犯胃病。

周丽在公司总是对人笑脸相迎，偶尔看到职员手头紧、吃得差，就要"骂"他们几句，还会自掏腰包让他们出去吃点好的。由于公司午餐大家不太爱吃，所以她干脆专门派个人去饭店里点菜，带上来，大家一起在会议室里聚餐。有时职员因为忙于发货而耽误了吃饭，周丽就会请他们吃饭，并额外给他们一些补贴。周丽的这种小恩小惠使公司的氛围非常融洽，公司的效益也不断提高。职员见了周丽都亲切地喊她周大姐。

聪明的女人会利用人们无功不受禄、无劳不受惠的心理，给别人施些小恩小惠，这样就起到了四两拨千斤的作用，达到了投资人情的目的。

如果女人能在小事上关怀别人，那对当事人来说，意义就很不一般。因为大多数女人在小事上是不太在意的，甚至不屑一顾。所以，在

日常琐事上多给人以实惠，可以看出你对人友善的态度，也更能获得别人的认同和感激。

某小企业长期承包那些大建筑公司的工程，所以，该企业的女董事长经常拉拢这些公司的重要人物。但她的更高明之处在于，她不仅奉承公司要人，对年轻的职员也殷勤款待。

在平时，该董事长总是想方设法将那些大公司中各员工的各种情况作一个全面的了解。当她发现某公司里有个人大有可为，以后会成为该公司的要员时，不管她有多年轻，都尽心款待。因为她明白，十个欠她人情债的人当中，有九个会给她带来意想不到的收益。她现在是在为以后获得更大的利益做很划算的投资。

所以，当年轻职员刘芳升为科长时，她就专门找了个时间前去祝贺，并赠送礼物。等刘芳下班之后，她还盛情邀请刘芳到高级餐馆用餐。刘芳从来没有来过这种高档的地方，自然对董事长的招待很感动。刘芳认为，自己从前从未给过这位董事长任何好处，并且现在也没有掌握重大交易的决策权，可见这位董事长是真的爱惜人才，是个好人！

更为高明的是，董事长却说："我们企业能有今日，完全是靠贵公司的帮助，而你作为贵公司的优秀职员，我向你表示谢意，是应当的。"董事长的这番话，又给刘芳减轻了心理负担。

果然，没过多久，刘芳凭借自己的实力，登上了这家大公司的经理职位。自然，那位董事长以前的小恩小惠就起了作用。在生意竞争十分激烈的时期，许多承包商家纷纷倒闭，而由于刘芳对这位董事长公司的大力支持和帮助，该公司仍旧生意兴隆。

即使在公司管理内部，成功女人的这种小恩小惠的人情投资方法，也是相当有效的。其实，女人施小恩小惠给别人的时候，花不了多少时间，也花不了多少钱，主要花费的是"笑脸"与"关怀"，有的甚至只是多说几句好话或者客气话的问题。可如果平时不花精力去做这些事，那么到了紧要关头时，你就只得去以远远高出小恩小惠数百倍的"高额悬赏"来激励他们了。因此，即使从经济上来说，这也是划得来的。

可见，女人平时的小恩小惠的人情虽小，但是实惠很大。因为平时的恩惠，会让别人觉得你这种行为并不做作，也不是故意拉拢人心之举。如果你平时不注意对别人小施恩惠，只在关键时候拉拢别人，别人会对此不屑一顾。

正因为小恩小惠有如此功效，因此，有些女人便利用这一点，在生意还未开始做的时候，先请客人吃顿饭，或者先送一点小礼品给客户，以提高买卖成交的概率。而这样做的效果也是非常明显的。

其实，小恩小惠可视为女人的爱心。它不仅仅是一支唇彩、一袋零食或一句关心的话语，更是你对对方的重视和在意。女人在办事的时候，心里有对方，对方当然也会想着你。这样不仅能使事情很快地办成，还能给彼此营造一种愉快的氛围。

平时乐于助人，遇事自有人帮

卡耐基说："如果我们想交朋友，就要先为别人做些事——那些需要花时间、体力、体贴、奉献才能做到的事。"会办事的女人知道，要想朋友爱我们，帮助我们，我们就要先帮助朋友。因此，会办事的女人会养成乐善好施的习惯，这样在向别人求助的时候，他们才会真心真意地帮助我们摆脱困境。

有一位富有的美国女士，她的女儿得了一种致命的疾病，很多高明的医生都无能为力。有一天，女士看到了一则一位对她女儿那种病颇有研究的瑞士名医要来美国讲学的消息，这使这位伤心的母亲重新看到了希望。她不停地托朋友打探、联系，恳求名医都帮她的女儿，但没有任何回应。那位医生的日程排得很满，几乎没有办法抽出时

间来。

一天下午，外面下着大雨。有人敲门，她极不情愿地打开门，看见一个又矮又胖、衣服湿透、样子很狼狈的男人。他说："对不起！我好像迷路了。您能允许我借用一下您的电话吗？"女士冷冷地说："很抱歉！我女儿正在生病，她不希望有人打扰。"然后，她关上了门。第二天，她又在报上看到了一则有关那位名医的报道，上面还附有他的照片——竟然就是昨天那个矮胖男人。她不禁追悔莫及。

在日常生活中，大部分女人很难时刻注意友善地对待别人，去无私地帮助别人。一般情况下，我们只对那些对我们有用的人感兴趣，而对另一些被我们视为无关紧要的人很难友善。殊不知，我们可能已经在不知不觉中失去了获得帮助的机会。

还有些女人平时待人不冷不热，有事了才想起去求别人，又是送礼、又是送钱，显得分外热情。成功女人不会做这种临时抱佛脚的事情，她们在平时就会主动帮助别人，积聚人情，这样在自己需要帮助的时候，才不会为了求人帮忙而烦恼。

女人如果平时乐于助人，就能为自己积攒人情。那么遇事自有人帮。做人情就像向银行里存款，存得多，红利也多。朋友欠自己的人情，在多年后，我们办事的时候，他们往往会数倍还给我们。有时，还会是意想不到的惊喜。

莎露是美国一个小镇的女律师，她成立了一个律师事务所。创业之初，她吃尽了苦头，穷得连一台复印机都买不起，但是在她的努力下，她的律师事务所在当地开始有了名气，财富也接踵而来，她的办公室扩大了，并有了自己的雇员和秘书。

正当她的事业如日中天的时候，她将所有的资产都投资于股票。天有不测风云，她的资产很快就几乎全部亏尽。更不巧的是，由于美国移民法的修改，职业移民额削减，她的律师事务所也门庭冷落。

破产后的她，一下子又回到了一无所有的境地，正在她为自己的生计发愁的时候，她意外地收到了一位公司总裁寄来的信。信中说，他愿意把公司 30% 的股份无偿赠送给她，并且旗下的两家公司，随时都欢迎她做终身法人代表。

莎露简直不敢相信自己的眼睛，天下有这样的好事？还是谁在和自己开玩笑？不管怎么样，她决定弄个明白。她按照信封上的地址来到了一家装修得很气派的公司，接待她的是一位中年男人，想必他就是给她写信的那位总裁了。

那位中年男人微笑地看着她说："还认识我吗？"

莎露有点疑惑了，她确信自己并不认识这个人，于是摇了摇头。

只见中年男子从办公抽屉中拿出一张皱巴巴的 5 美元汇票和一个写有莎露名字和地址的名片。莎露确信那是自己的名片和笔迹，但是她还是想不起在什么时间和地方与这个先生见过面。

她说："很抱歉，先生，我真的记不起来了。"

那位总裁说："13 年前，我刚来到美国时，准备用身上仅有的 5 美元去办理工卡，但当时我不知道工卡已经涨到了 10 美元。当排到我的时候，办事处快下班了，如果我当天没办上工卡，那么我在公司的位置将会被别人顶上，而此时你从身后递过来 5 美元，帮我办理了工卡。当时我让你留下姓名、地址，以便日后把钱奉还，你就留下了这张名片……"

女人每天遇到的人中，肯定有一些人有能力帮助自己。这些人不会无缘无故地出现在我们身边，他们给我们帮助是有理由的。谦逊、恭敬和真诚地对待每一个和你有过一面之缘的人，是我们获得贵人帮助的一个重要方面。假如你始终保持着一份好意待人，那么身边出现贵人的概率也将大大增加。

会办事的女人会意识到，自己曾帮助过的人因为境况更好了，日后在自己遇到难处时，会给自己一定的帮助，使自己的命运出现新的转机。所以，她们也会向境况不如自己的人伸出援助之手。

女人们可以把别人看成是自己的延伸，帮助别人的实质就是强大自

己。正所谓"投之以桃，报之以李"。在共事的时候，你怎样对待别人，别人就会怎样对你。在生活中，我们经常会像溺水的人一样高高伸出双手急切地呼唤别人的帮助，渴望走出困境。你要想得到别人的帮助，就必须先帮助别人。

然而，在生活中，我们总是会听到这样的声音——我帮助他，谁帮助我啊？也许，别人说出来，我们就会觉得很病态，觉得此人不够善良。其实，我们有没有意识到自己也经常处于这样的境地呢？

还有一些女人的思想中会有自己固有的模式，认为帮助别人就意味着自己吃亏，别人得到了东西就意味着自己要失去。其实，事情并不全是这样的，有时候帮助别人，不过是自己的举手之劳。而对于别人来说，说不定就是挽救人于生死关头的举措。这样的大恩大德，别人会不记得回报吗？

其实，社会上那些容易获得别人帮助和支持的人，往往是愿意慷慨付出、不求回报的人。这样的人也常常会获得巨大的成功。而那些斤斤计较、不乐意帮助别人的人，不仅不会得到别人的帮助，还有可能成为孤家寡人。

联系老朋友，定期有聚会

定期和朋友出去聚聚，是避免感情转淡的一个好办法。会办事的女人从来都不会缺席大学、中学、小学同学的聚会。她们知道，与这些开始有成就的人做好良性互动，可以为将来办事打好基础。

刘倩毕业于成都的一所大学，毕业后，她在郑州工作了一段时间，然后在一个朋友的推荐下来到了上海。朋友推荐她担任一家珠宝公司的总经理，负责在上海筹建业务，开设零售店。在工作期间，刘倩逐渐认识了上海的一批朋友。这些朋友中，做什么生意的人都有，其中有很多是在上海的香港人。

在这些香港朋友的介绍下，刘倩加入了上海香港商会。后来香港商会的一位副会长的朋友由于工作原因调离上海，推荐刘倩成了香港商会的副会长。利用香港商会这个平台，刘倩又认识了一大批在上海工作的香港成功人士。

之后不久，刘倩辞去了珠宝公司的职务，担任一家美资烟草公司的上海首席代表。当时刘倩手下只有2个人。推广、调研、制定策略，她都亲自参与，并把一小块市场拓展到江苏、浙江等整个华东地区。在烟草公司做首席代表的这几年，也是她朋友发展最多、最快的时候。

后来，刘倩利用丰富的人脉网做了很多事情，比如她凭借自己认识很多的香港朋友，就创办了香港体育会并担任会长，这是一个自发的群体性体育组织，最初才20多个成员。为了使运动的时候开心一点，大家就凑在一起。渐渐地，大家在玩的同时成为好朋友，有些自然就成了生意上的伙伴。朋友带朋友，这个圈子越来越大，作为会长的刘倩，决定花费更多的时间和精力来经营这项事业，当然，这也给她带来了更多的朋友。

再后来，刘倩就在朋友的推荐下开始投资房地产。当时上海的房地产已经开始火热起来，有时候即使排队都买不到房子。而在朋友的帮助下，刘倩很容易地买到了房子，而且还是打折的。几年后，在朋友的建议下，刘倩又陆续把手上的房产变现，收益颇丰。

现在，刘倩的资产已经超过八位数。她说，因为自己的事业得到了朋友的帮助，所以才会这么顺利，包括开公司、介绍推荐客户和业务等，很多朋友都会照顾她，有什么生意会马上想到她。

而刘倩积累的这些人脉，在她事业的一步步发展中，担当着不可或缺的角色。

刘倩说，自己有两三千个朋友，每年都会见面3~4次的有近1500个，而经常见面和联系的，有三四百人之多。也就是说，按照1年365

天计算，刘倩每天至少要见 12～17 人次的朋友。

成功女人刘倩很信奉"得关系者得天下"这一准则。在她眼里，有关系的高手能及时获得很多帮助，并取得成功。而一旦没有了宝贵的关系，则往往如履薄冰，寸步难行。

成功女人在和老朋友聚会时，大多可聊些高尔夫、天气之类的话题。等到上主菜时，大家谈的则是美食、艺术、时事及一些无伤大雅的话题。这可以向对方传达不见外的信息，代表亲近，即认同对方是自己人。要办的事先不说，先吃，这样就没有势利感，事不成就喝酒，也不伤面子。一定要注意一点：不要讨论让人扫兴和尴尬的话题。

还有一点要记住，那就是你在席间要适当地谈你自己的情况，谈你可以为对方带来什么好处，可以提供什么样的优质服务等。

女人要定期和朋友出去聚聚，因为你的生命里不只有家庭，还有朋友，不要轻易放弃自己原有的人脉。在这个过程中，你还会认识更多的人，为自己搭建更多人际交往的桥梁。

第三章
会办事的女人懂得多交友少树敌

　　会办事的女人总会巧妙地多交友少树敌。俗话说"一个篱笆三个桩，一个好汉三个帮"。朋友是一笔珍贵的财富，女人可以通过不断开拓人脉资源，来学会怎样承受压力，怎样勇敢地面对困境。这样在办事的时候，就会无往不利，所向披靡。

要学会交三种异性朋友

一个著名作家曾说："一个女人的一百个女朋友，也不足以替代一个好男人。"会办事的女人应该有三种异性朋友，一是爱自己的丈夫；二是心甘情愿地为自己分担苦恼、不存在性别差异的男人；三是欣赏和尊重自己思想的男人。这样，你会因为彻底、全方位地了解男人，而为自己办事增加筹码。

1. 第一种异性朋友：爱自己的丈夫

爱情是女人最好的美容师，女人在爱的季节里会美如花。当然，会办事的女人还会经营爱情，她的创造力会在爱情里升华，并视此为自己值得经营的一项事业。聪明的女人在结婚后往往比婚前成熟很多，这是因为与亲密爱人结婚，会让自己的思维开阔起来，同时也能突破自我，变得丰富起来。

李薇是公司的一名出纳，大学毕业后，她就到这家公司工作，两年来，一直都兢兢业业地干着自己的本职工作。

后来，李薇结了婚。婚后的她对于物质生活的要求更高了，感觉时时处处都要用钱。虽然丈夫的收入还算不错，家里的财政也都由她管着，但是看到一起工作的同事，升职的升职，加薪的加薪，李薇还是非常着急，但又不知道该如何是好。

她每天回家都会研读一会儿关于自己职业的书，但越看越心烦，可心烦也得硬着头皮看。

一天丈夫下班后，看到趴在桌上使劲拍着脑袋的她，问道："怎么，工作上遇到什么困难了吗？"于是李薇把自己的苦闷告诉了丈夫，并把自己正在看的《一个出纳必备的50条素质》递给丈夫看。丈夫看了一眼书名，问：

"你们部门的经理提上去多久了?"

"也就不到两个月吧。"

"那你们公司还有没有空缺的领导职位?"

"好像没有了。"

"那有没有打算调走的领导?"

"……调走的倒没有，不过，好像财务部的老经理快要到退休的年龄了。"

"那你就去学学会计吧!"

"我? 学会计? 为什么?"

"你们部门的经理刚上任，肯定不可能很快就换人。而财务部的经理一旦退休，就一定得选个新人上去。这样，升职的机会大一些。而且你是做出纳的，学会计应该不会很难。即使没有选上经理，多学一样本事也不是什么坏事。"

李薇觉得丈夫说得有道理，于是第二天就报了个会计班，周末就去学习。丈夫也常常在家辅导她，两个月之后，李薇的会计资格证就顺利地考了下来。

学了会计的李薇干起出纳的活来，更加得心应手了。在公司购买器械的时候，李薇凭借她多年对市场的判断力和算账能力，足足为公司节省了 20 多万元。她一下子就成了公司领导都知道的精明人物。五个月后，财务部的经理退休了，李薇顺利地坐上了这把交椅。

女人的爱情天赋不是天生就可以浑圆的，它是靠一个男人调和的。这样成长起来的女人才会在不失温婉的同时，保持自己的个性；传情的同时捕获男人迷茫的心灵，才会逐渐成为一个成熟有魅力的女人。

2. 第二种异性朋友：性别意识淡薄的男人

聪明的女人会有一个自己信任的男人，这种男人常常被视为"同性"朋友，但却有一颗男人思维的脑袋。在这个男人面前，她会毫无保留地展示她的所思所想，在显露自己情怀的同时，也暴露出自己的浅

薄、琐碎、无知和平庸。所以，找一个可以袒露心怀，说说心里话的男人，是十分必要的，因为人是需要发泄的，更何况有些话对丈夫也是不能说的。

你可能非常爱你的丈夫，但他却无法完全理解你的全部，你还有自己的空间。生活或工作中的欢愉与不如意让我们急需有一个人来分享与倾诉。性别意识淡薄的男性朋友就是这样的一个人：不需过多的解释，寥寥数语甚至一个眼神他便能心领神会。那种滋味犹如干渴中喝到一杯清凉的柠檬汁，一下子爽到了心底。

20年前的刘如雪是深圳一所名校的校花，人长得清秀，文字也写得漂亮。因此，爱情的玫瑰早早地就抛向了她。高大俊朗的男朋友很是惹人眼目，这让刘如雪沉浸在无边的幸福中。

天有不测风云。婚后三个月，她的丈夫在一次出差中遭遇车祸，致使双腿残疾。沉醉在新婚幸福中的她，被残酷的现实击蒙了。一切美好的梦想顷刻间化为乌有，她似乎是换了一个人，不吃不喝不睡，整天就保持一个姿势。痛苦使她变得近乎痴呆麻木，她甚至流不出眼泪，只埋头于写作。

改变她的是一位已婚男性。在一次杂志社举行的大型笔会上，她认识了一位有30年军龄的中年男人，他举止洒脱，言辞风趣，这些使他浑身散发着阳刚英武之气。他虽是业余作家，却有着深厚的文字功底。

刚开始吸引刘如雪的是他的作品，在探讨之中刘如雪渐渐被他那种生活的激情所感染：他幼年连失双亲，女儿还有残疾，但他和刘如雪谈起这些时，仍面带微笑，丝毫没有悲痛之意……和他的接触中，她始终能感受到他对生活的热情、乐观、豁达，并突然感悟到：人生不可能一帆风顺，种种无奈，需要自己达观地处理。他们开始书信往来，聊人生、社会、家庭、事业，似乎总有说不完的话题。他们成了鸿雁往来的知己。

如今，刘如雪已是深圳一家杂志的主编，事业如日中天。她开始恢复往日的形象：洒脱、干练、自信、开朗，脸上时常挂着微笑。

通常，男性的阳刚、坚强等一些女性所不具有的特点，往往能给女性生活的信心和勇气，它潜藏着一种净化女人心灵、激发女人斗志的强大魅力。他们的坚强乐观，将激励女性积极向上地面对每一天；他们的深谋远虑，将使女性避免许多工作生活中的误区，早日实现梦想。所以，他们往往能起到许多同性朋友起不到的作用。

还有，当女人受了伤害需要哭时，"没有性别"的男性就是其倾诉的最佳人选之一。要想获得这种无性别意识的真正知己，那就需要平时好好地培养。

3. 第三种异性朋友：欣赏你思想的男人

聪明的女人明白，相得益彰的"两性"能看到彼此的优秀和思想，这样才会相互吸引。这种感觉就像住在爱情隔壁的邻居，离爱情很近，又不同于爱情。有着同爱情相像的精神交流与愉悦，只是没有爱情接下去的灵与肉的结合。因此，彼此可以得到精神上的愉悦与支持，拥有纯洁的友谊。

张建是那种关注她的思想超过关心她的容貌的异性朋友，他非常尊重和欣赏刘凡的思想，经常和刘凡进行思想交流。一碰到不可解决的思想难题，两人就会自然地想到对方，并交流上几个小时，之后双方都有解脱的感觉。

有一次，刘凡同丈夫闹了别扭，心里特别难过，但又想不出解决问题的好办法。她给张建打了一个电话，一个小时后，刘凡终于露出了笑容。刘凡的问题解决了，张建谈起了他在"商场"上碰到的几个棘手的问题，已在"商场"中打拼多年的刘凡，帮张建拟出了几个方案，张建当时就茅塞顿开，思路也打开了。

刘凡认为，你不深入了解一个男人的思想，就无法见识他的全部魅力。如果能找到一位有思想又能真心待你的"蓝颜知己"，女人的思想会出现质的飞跃。一个有思想的男人与一个有思想的女人进行交流和沟通，等于吸取了两者思想的精华。

女人若有自己的思想，就要敢于在异性面前表达出来，否则，就会阻碍你的思想的发展。要知道，对于有思想的男人来说，你吸引他的大多是你的思想。

文学大师高尔基说："真正的十分理智的友谊是人心中最美好的无价之宝。"女人要善于与三种异性朋友建立持久真挚的友情，这样才能在人生中不断增长智慧。但是，在这个过程中，一定要把握好你与后两者之间相处的分寸，千万不要使这种难得的友谊误入歧途，免得到最后连个朋友都做不成。

人脉是最值得女人投资的办事资产

许多人办事讲究人脉，认为成功要靠人脉。女人若没有好的人缘，就会失去很多成功的机会，干很多事倍功半的事情。相反，会办事的女人会建立良好的人脉网，这样她往往能做到无往不利、所向披靡。

出生于中国北京的曾子墨，虽然外表纤弱、美丽、温柔、充满朝气，但人们却称她为"一个强有力的女孩"。之所以说她强有力，是因为曾子墨曾在不到 4 年的时间里，在华尔街最著名的摩根士丹利投资银行主持过近 7 000 亿美元的企业收购和兼并项目，面对众多世界顶级企业巨头，她依然谈笑自如，用自己充满精确逻辑的头脑改写着历史。1998 年回国后，她又加盟凤凰卫视，开始用自己银铃般的声音与许多企业家讨论天下财经大势。

曾子墨，这位有着翩翩风度和无数慕名追求者的美女兼才女，年纪轻轻的就获得了令同龄人望尘莫及的成就，充分显示出了她的能力。但其他人又怎能知道，这个女孩的成功之路并不是一帆风顺的。

1992 年的冬天，在中国人民大学国际金融系一年级读书的曾子墨，以优异的成绩获得了达特茅斯学院的全额奖学金。就这样，只身一人的曾子墨，带着全家人的希望、朋友的祝福和同学的羡慕，意气风发地来到了美国达特茅斯学院经济系读书。

但是，初到美国的曾子墨，学习生活陷入了困境：她无法忍受同室的女同学吸毒，甚至在半夜三更大呼小叫地宣泄；更不能忍受男同学们在草坪上裸跑的毕业仪式。渗透到骨子里的中国传统让她退出这里的"主流社会"，曾子墨一个朋友也没有，她变成了"孤家寡人"。

曾子墨到美国的第一个生日，是在学校的食堂里读着爸爸的来信度过的。那时，当她看到爸爸那熟悉的笔迹时，泪水"刷"地流过她的面颊。这件事情之后，曾子墨决定要改变自己的生活。

曾子墨是一个聪明的女孩，她要靠自己的后天努力，改变自己孤军奋战的局面。

曾子墨每个学期都能交出近乎完美的成绩单，甚至连微积分也能拿全班第一。这个东方女孩是美国同学眼中的一个谜：他们认为她聪明、漂亮、孤傲，想接近她又怕遭到拒绝，因此，只有对她若即若离。所以，曾子墨从在学习上帮助其他同学开始，主动拉近与大家的距离。经过4年的努力，曾子墨在老师、同学之间培养了很多人脉关系，并且在这些人脉关系的帮助之下，顺利地走入了摩根士丹利投资银行。

到摩根士丹利投资银行后，曾子墨还是致力于人脉关系的培养，她要让整个银行的人都喜欢自己、愿意帮助自己。短短的半年时间内，在大家的鼎力相助之下，曾子墨取得了惊人的工作成绩，而且在她为公司创造的收益面前，上自公司老总，下至同事都对她更加认可和喜欢了。就连公司主要负责人也开始考虑重点招收中国职员，并断言说："相信其他中国人，也会像子墨这样棒的！"这些良好的人脉关系，让曾子墨觉得无比的骄傲和自豪。

后来，曾子墨因工作需要来到香港，工作上的接触让她与凤凰卫视的负责人产生了深厚的友谊。不久，凤凰卫视的负责人向她发出了邀请，希望她能加盟凤凰卫视中文台。3个月后，优秀的曾子墨在人脉资源的帮助下，成为凤凰卫视的财经主播，把自己的专业和兴趣完美地结

合在了一起。

坚定的判断力、专业的财经知识、敏锐的意识触角、高度的社会良知，使曾子墨很快就成为一名出色的财经女主播，并迅速获得多方面的赞誉。但她却说，自己能取得今天的成绩，都要感谢一路上帮助过自己的朋友们。

聪明的曾子墨就是利用人脉来为自己创造机会，寻找成功之路的。可见，女人要想借力，一定要有很好的人脉，这是人际关系成功的普遍法则。若没有良好的人际关系，女人就很难有所成就。女人要想摆脱孤立无援的境地，希望在事业上取得长足发展，就必须重视经营人脉的作用。

难怪会有人说，人脉是一笔宝贵的财富。关键看我们如何在人生的道路上运用这笔财富。如果运用得好，就会在人生中取得成功；反之，就会让自己碌碌无为地度过此生。作为一名聪明的女性，我们要学会出色地运用在成长过程中的人脉，为自己收获美丽的人生。

卡耐基训练大中华负责人黑幼龙曾经说："完整的人际关系包含三个阶段，发掘人脉、经营交情、出现贵人。"如今，社会竞争激烈，女性和男性要站在同一起跑线上。虽然我们没有男性那样健壮的身体和强大的力量，但是，我们在社会这所学校里，依然可以通过后天的学习，通过这种人脉关系的培养，承受压力，勇敢地面对困境，走出自我的浅薄，走出忧愁的叹息，走出厄运的阴影，去迎接风雨，铸就自己成功的人生。

多帮助他人，增加人脉储蓄

俗话说"一个篱笆三个桩，一个好汉三个帮"。即使再强大的人，也有需要别人帮助的时候。会办事的女人懂得抓住时机，从心理上满足别人眼中的强烈愿望。当然，你多帮助他一次，就会给自己多储存一份人情，在你有需要的时候，对方也会像及时雨一样滋润你的心田。

其实，女人通过帮助别人来赢得人缘，当然也离不开技巧。当你想帮助某个人时，要注意具体方法，具体问题具体分析，这样才能使对方得到真正的帮助，并对你产生由衷的感谢。

李可是位单身女子，住在北京的一个闹市区。有一次，李可搬一只大箱子回家，因为电梯坏了，她只得自己扛着箱子上十二层楼。刘金花是一个平时没事就在大街上闲逛，偶尔还闯点祸的人，这次她看到李可累得汗流浃背，于是想上去帮助李可。李可并不相信刘金花，以为她图谋不轨。

刘金花十分困惑，她费了许多唇舌，想说明自己的善良用心，却无济于事。李可拒绝了刘金花，她将箱子从一层搬到二层后，就再也没有力气了，她想，需不需要刘金花的援手呢？李可感到矛盾极了。最终，还是在刘金花的帮助下，她把箱子搬上了十二层。为了表示自己的真诚用意，刘金花只将箱子搬到李可的家门口，坚持不进去。后来，李可和刘金花交上了朋友，并认识了刘金花的哥哥。一年后，李可和刘金花的哥哥踏上了红地毯，两人一直恩恩爱爱的。至今，李可还对刘金花感激不已。

可见，女人对别人的帮助，要落到具体的行动上，不要只停留在口头上。帮助有两种可能，一种可能是随便帮帮，一种可能是一帮到底，做足人情。第一种帮助不能说它不是帮助，因为它也能给人带来某种好处，但随便帮帮的帮助不是真正的帮助，因为这种随便的帮助在关键的时候，总是不管用。第二种帮助才是真正的帮助，它能帮人彻底解决实际困难。

比如，一个人骑自行车上坡，但因坡度较大，费了很大的劲也没能上去。好心的你走上前，想帮助他，告诉他该怎样用力。其实，他此时

最需要的，是你从后面推他一把，让他顺利通过这段道路。

　　常言道，真正的朋友共患难。女人要想让别人信赖，不断结交新朋友，就要做到帮助他人不图报答，否则就失去了帮助人的意义，也违背了帮人时的初衷。聪明的女人要明白，帮助人是一种缘分。即使你的能力不大，也会得到大家的欢迎。况且，如果还有别的人帮忙，你帮一把，他帮一把，力量自然会大起来，对方的问题也会很容易得到解决。

　　当然，你也不要认为对方似乎是无足轻重的"小人物"，对你来说无所谓，可以忽略对他的帮助。实际上，那个人现在可能对你不重要，但也许某一天、某个特殊的时候就显得重要了。所以，你帮助了他，使他意识到他对你很重要时，他就会更加卖力，对你会加倍的友好。

　　女人如果想通过帮助别人来扩建自己良好的人脉网，必定要有一种坚持不懈的精神。不要一时风，一时雨，凭自己的兴致来做事，也不要这也帮那也帮，不高兴的时候就谁都不帮。做一件好事并不难，难的是一辈子做好事。会办事的女人知道，只有用爱心去和别人推心置腹地打交道，去帮助别人，才会增加人脉储蓄，成功办事。

有选择地向别人请教

　　如果我们想获得成功，那么就不要把希望完全寄托在自己的力量上面。因为即使是天才，也需要别人的帮助。没有哪一个女人是孤立的，我们都要依靠自己的朋友、员工、领导等的帮助。

　　很多在某一个领域里获得成功的女人，往往忘了自己在其他领域里的能力是有限的，开始变得刚愎自用，听不进去别人的意见。聪明女人的做法是，只去做那些自己最拿手的事情。对于自己不拿手的，但又必须要去做的事情，就向对这一行拿手的人请教，因为这样做更容易成功。

在任何时候，女人都不要觉得自己是专家，要多听取别人的意见，多向别人请教，这样才对自己有好处。但是，在向别人请教的时候，必须先问自己：对方对于这一问题，能提供什么新意见吗？如果能，再向他请教。不要随便问，否则就是浪费时间，收不到好的效果。聪明女人要有选择地问，不能把各种各样的问题都去请教一个人，应该根据具体情况选择不同的对象来请教。那么，哪些人可以作为请教对象呢？

1. 向已经成功的人请教

已经成功的人，一定有其过人之处，也有很多宝贵的经验及教训。所以，向他们请教能给你带来很多好处。不要担心他们会拒绝你，事实上，他们最喜欢别人对他们的成功感兴趣，这让他们有满足感，觉得他们的成就和付出得到了认可。向成功人士请教是对他们的最大恭维。所以，向成功人士请教是个非常不错的选择。

2. 向心态积极乐观的人请教

我们去请教的对象不一定很富有，但如果他有一种积极乐观的心态，那么我们也可以从中学到很多东西，尤其是精神上的财富。

我们在创业的时候，因无法掌握某些东西，有时会失去信心，进而茫然不知所措，无法确定自己的选择是否正确。这时候，我们可以请教一些心态积极乐观的人士，通过与他们的交流，我们就会从他们那种积极的心态里找到力量。也许他们提供的不一定是什么具体的方法，只是一种积极的态度，但这也会让我们获益匪浅。

3. 向让我们佩服的领导请教

我们佩服的领导，有让我们觉得值得学习和借鉴的地方，或者有我们现在缺乏的东西。所以，向自己佩服的领导请教，能让我们很快具备自己想拥有的一些优点和能力。一般来讲，这些领导都会让参加工作的人觉得，他们正在参与的活动或事业是值得他们全身心投入的，员工有了这样的心态才能创造出令人满意的成果。向这些领导请教，他们会把自信、魄力和果断传染给你。

4. 向有着良好习惯的人请教

向这些人请教，会让我们更快地获得这些好习惯，而这些好习惯会

让我们更快地走向成功。我们的一切行为、想法以及无意识中的反应，都被习惯所束缚着，即所谓习惯是一种力量。坏的习惯往往压制人的思维，使人无法适应外在的变化。如果我们有一些不良习惯，却没有办法迅速改变时，可以多和有着良好习惯的人接触，我们会很快发现，我们正朝着自己希望的方向发展。所以，向有着良好习惯的人请教，对我们改变坏习惯是非常有好处的。

人走茶不凉，不忘曾经的老板和同事

"人走茶凉"形容现实社会中存在的世态炎凉的一面。但是，实际上，曾经一起共事的同事是宝贵的人脉资源。哪怕已经分开或者是各奔东西，也不要忘记经常联系。"胜利属于坚定不移的人"，要做到"人走茶不凉"，经营好这份来之不易的友谊。

女人要求得事业上的发展，就要维护好和旧同事的友谊，要和他们保持经常性的联系，特别是那些可能对你事业有所帮助的同事，更要与其保持紧密的联系。如果有时间，可以相约一起出去野炊、聊天或者喝杯茶，这都能保证你们的友谊长青。

三年前，周兰因准妈妈的身份辞去了人力资源经理的职务，她的工作由她的下属张一敏接手。周兰和大家的关系还算融洽，尤其是和张一敏私交甚好，闲在家里后常常和她们电话联系。周兰还很乐意给张一敏提一些工作上的建议。生下宝宝后，她的老同事们专门凑了一个大礼包送给她。

孩子三岁的时候，周兰想重新找工作，可她发现人才市场中人力资源职位的竞争已达到空前的白热化，想找一份如意的工作并非易事。而这时，原公司因重建分公司，需要招一名人力资源经理，张一敏便向老总推荐了周兰。凭着昔日给老总留下的良好印象，周兰获得了这份工作。

聪明的女人应明白，对你最苛刻的老板，往往才是让你进步最快的人，对他你应该心存感激。永远不要在现任老板或新同事面前说前任老板的坏话，要公正客观地评价前任老板，这不但有利于树立你自己的职业形象，更重要的是，可以维护他的声誉。这样，无论日后你个人发展得如何，他都会记得你的良好职业素养，这当然有利于你和他们再打交道时建立良好的关系。

当然，对同事的态度也应如此。离职后，即使心中有怨气，也不要和旧同事争吵。不要以为你走了，就可以尽情发泄心中的不快，女人很容易犯这种情绪化的错误。要给大家留下一个好印象，说不定哪天你还要有求于他，尤其是当你不打算离开现在的行业时，更要维护好自己在同事面前的形象。

其实，女人事业的发展和成功，会受许多客观因素的限制，不是靠一己之力就能做到的。你虽然不能够完全独自控制自己在事业上发生的事情，但是可以凭借他人的帮助，来推动自己事业的发展，促进它的进步与成功。而这一切，都是以你和有助于你的事业的同事保持经常的联系为前提的。

另外，聪明的女人也不会忽略落魄的朋友，一个人不会一生永远落魄，也不会一直辉煌，总是起起伏伏的。所以，即便是人走了，聪明的女人还是会继续保持着"茶的温度"。那么，聪明的女人是如何对待自己的旧老板和同事的呢？

首先，忘掉不快，与旧老板冰释前嫌。

离职后与前任老板见面时，尊重、热情是第一要件。不提往日旧事，表现得自然、亲切，会拉近彼此的距离，增进感情，同时又能表现出你的大度，何乐而不为呢？况且，现在交通、通信越来越发达，人员流动日趋频繁，要时刻做好在不同场合不期而遇的准备才行。

其次，不要争吵，做好交接。

你必须给原公司足够的时间找人接替你的职位，如果可能的话，最好帮他们找人。千万不可说走就走。如果你不给公司喘息的时间，撂下一个烂摊子就走，顶多让你解解气，使你讨厌的上司忙乱一阵儿，但更坏的影响则留给了你自己，同行业的圈子不会太大，消息也很灵通，很快，你的所作所为就在业内传遍了，你的新上司也会对你有所防范。最重要的是，心态是否平和将影响你今后的职业生涯，所以一定要做好交接，站好最后一班岗。

很多人都以为自己跳槽或者同事辞职后，就可以简单地道声"拜拜"，一走了之，这样做看似洒脱，其实你会在无意之中丢失许多让你今后受益的东西。因为你在一个单位工作过一段时间，可能你所得的东西不多，但与同事间毕竟有种亲近感，他们说不定在以后会对你有所帮助，这样的友情其实是很难得的。

留下你的联系方式，与老板和同事吃上一顿轻松的晚餐，也是不错的道别方式。记得离开后不时打个电话保持联系，关心公司和同事的发展，与老板聊聊行业的发展动态，这些很可能会给你带来意外的收获。

避免被同事孤立

对于情感细腻的女人来说，与同事建立良好的人际关系，得到大家的尊重，无疑对自己的生存和发展都有着极大的帮助。而且营造一个愉快的工作氛围，可以使我们忘记工作的单调和疲倦，每天保持一个好的心情。

虽然每位职业女性都明白这个道理，但还是有不少女性平时不善于处理同事之间的关系，经常做出让同事关系更加疏远的事情，让自己的职场之路举步维艰。当然，这种情况对于成功女人来说，是不可能会发生的。她们不仅知道亲近同事的重要性，更知道什么事会疏远同事关系而绝对不能做，所以堪称职业女性们的典范。

刘笑笑在房地产开发公司上班，她说由于平时工作繁忙，加上自己周末没有空闲时间，所以与朋友聚会的时间非常少。所以，她就把同事当做朋友，每当遇到不顺心的事，就会在下班后约上关系好的几个同事去喝茶聊天，这样郁闷的情绪很快就会烟消云散。遇到高兴的事，也会约同事找个地方，好好地庆祝一番。而且，同事间相处得好了，还会互相帮忙，介绍经验，工作效率也提高了不少。

对于每天八小时都待在办公室里的上班族来说，同事之间的关系是非常重要的。也许，在有些女性看来，在工作中建立的同事关系，是不够纯洁的。因为同事之间存在着竞争，即便表面一片和平，暗地里也存在钩心斗角。但这并不是绝对的，无论怎样，多一个朋友总比多一个敌人要好。若能把同事变成朋友，对你只有好处，而不会有坏处。

高冰雨凭借着自己出色的能力和踏实肯干的精神，入职半年便升到了主管的职位上，这让很多跟高冰雨同时进入公司的同事和一些老员工都羡慕不已。

可高冰雨刚升职没多久，就听到同事们中间传着这样的闲话，说她之所以能升得那么快，是因为她和部门的李经理有暧昧关系。高冰雨深感委屈，而且很快她也知道了这个谣言的制造者是谁。同事们都猜想高冰雨一定会给这个人"小鞋"穿，但她并没有这么做。

她还是一如既往地公平对待每一个人，甚至当那个谣言制造者有所成就时，高冰雨还当众表扬了她，并将其成就汇报给了上级领导。

后来，有关高冰雨的谣言传到了老总的耳朵里，老总深知她和李经理的为人，也替他们二人感到不平。但当他得知高冰雨这种宽容的做法后，更是对她另眼相看，觉得高冰雨具有大将风范，而且在她的带领下，公司业绩确实增长了不少，于是将她提到了副总经理的位置。

由于高冰雨始终保持洁身自好的作风，不久，那个谣言也就不攻自破了。没有人再提起类似这样的事情，大家反而更加敬重高冰雨的为人。

当一个女人在职场上取得让人刮目相看的成绩时，总是难免会听到一些不友好的声音，甚至很可能出现一些昔日与你交往甚密的同事也会在你背后四处散播谣言、诋毁你的人品的情况。这时，你可能很想和他们大吵一通，揭穿他们的谎言，让其他同事认清他们的真面目。

但是聪明女人决不会这么做。她们知道，大家是同事，如果自己摆出绝交的态度，以后可能就很难在同一个办公室工作了，因为这样做只会将整个办公室的气氛弄僵。更何况，老板最不喜欢员工因私事而影响工作。所以，聪明女人对待这样的人和事的时候，绝对会冷静面对，宁愿吃些小亏，也不会与同事发生正面冲突。

"路遥知马力，日久见人心。"如果你也遇到了这种爱制造谣言的好事者，大可像高冰雨一样不予理睬。时间久了，谁是什么样的人，大家自然也就清楚了，他给你造的谣言自然也就不攻自破了。到那时，被孤立的是他，而不是你。

其实，大部分人与同事间的矛盾，都是由一些无关痛痒的琐事引起的，其实想开些也没什么。正所谓"小不忍则乱大谋"，千万不要为了逞一时的口头之快，而毁了自己的形象。要知道，回击并不能为你挽回多少面子，但宽容却能给你带来满室阳光。

想得到朋友，
就让你的朋友表现得比你优越

法国一位哲学家说过："如果你要得到仇人，就表现得比你的朋友优越；如果你要得到朋友，就让你的朋友表现得比你优越。"当我们让朋友表现得比我们优越时，他们就会有一种得到肯定的感觉；但当我们表现得比他们优越时，他们就会产生一种自卑感，甚至对我们产生敌视情绪。

张静是某企业人事局的顾问，让她自豪的是，在企业里她可以说是人缘最好的人，但是过去的情形并不是这样的。在她初到人事局的头几个月当中，张静在她的同事之中连一个朋友也没有。这是为什么呢？因为她每天都使劲吹嘘她在工作方面取得的成绩、她新开的存款户头，以及她所做的每一件事情。

"我工作做得不错，并且深以为傲，"张静向丈夫抱怨说，"但我的同事不但不分享我的成就，而且还极不高兴。我渴望这些人能够喜欢我，我真的很希望他们成为我的好朋友。"丈夫对她说："你想让别人听你说，那么你何不先去听听他们想说什么呢？这样也许他们就会慢慢地接纳你的。"

张静听了丈夫的忠告，在与同事闲聊的时候，开始少谈自己，而是花很多时间去认真倾听同事们说话。她发现原来他们也有很多事情要吹嘘，他们在诉说自己成就的时候，比在倾听别人说话要表现得更加兴奋。慢慢的，大家有了什么话都喜欢告诉张静，后来几乎所有的同事都成了她的朋友。

像张静刚开始那样，喜欢强化自我优势的女人，一定是人缘最差的。因为谁都会在自觉不自觉中维护着自己的形象与尊严。如果有人对他过分显示高人一等的优越感，那么这在无形中就是对他自尊的一种挑战，其排斥心理乃至敌意便会由此产生。

但在生活中，这种女人的确是很常见的。她们虽然思维敏捷，口若悬河，但刚说几句话就让人感到狂妄。这类女人大多爱表现自己，总想让别人知道自己很有本事，处处都想显示自己的优越感，以为这样才能获得他人的敬佩和认可。然而，这样做的结果只会失去很多朋友。

老子曾说："良贾深藏若虚，君子盛德，形貌若愚。"这句话对白领女性有着重要的意义。在职场中要敛其锋芒，收其锐气，时刻保持谦虚的态度，不要不分场合地展示自己的才能。如果你的优势和短处被同事看透，就很容易被他们所支配。

其实，在如今这样竞争激烈的社会里，表现自己并没有错。充分表现出自己的才能和优势，充分发挥出自己的能力，是适应时代挑战的必然选择。但是，不能把自己的优势表现得过于明显，必须分场合、形式。尽量避免自己的表现让人看上去是矫揉造作、不自然的，好像是做样子给别人看似的。

周晓霞是一家大公司的女职员，平时工作认真负责，表现积极热情，待人大方，跟同事关系也不错。但是上个月的一次自以为高明的举动却使她在同事心中失去了信任和好感。

那一天，公司通知开会，在经理到来之前，大家都在会议室里等着。其中有一位同事觉得地上有些脏，便主动拿起拖把拖起地来。而周晓霞对此似乎不很关注，一直站在窗台边往楼下看。

突然，她转过身来，坚持要拿过同事的拖把替他拖地。本来差不多要拖完了，根本不需要她来帮忙。可周晓霞却执意要求，那位同事只好把拖把给了她。刚接过拖把不一会儿，经理推门而入，看到周晓霞在勤勤恳恳地拖地，经理赞许地朝周晓霞点了点头，但同事眼里流露出来的分明是鄙夷和不屑。

从此以后，同事便开始疏远周晓霞，即使周晓霞主动和同事搭讪，也得不到积极的回应。周晓霞在公司里成了孤家寡人，工作也因为得不到同事积极的配合而搞得一团糟。周晓霞为自己那次不合时宜的表现深感后悔。

在职场中，如果一个会办事的女人真的想表现得比其他同事强，就会在心理上注意多贴近他们，这样既不露声色地表现了自己，又不至于与其他同事拉开距离。会办事的女人知道，只有这样，同事才不会嫉妒自己，同时也会在心中承认自己的"优位"是靠自己的努力换来的。同时，还要适当淡化自己的优势，减轻嫉妒者的心理压力，从而淡化危机。

我们知道，人们往往对自己的事更感兴趣，对自己的问题更关注，更喜欢自我表现。一旦有人专心倾听我们谈论我们自己时，就会感受自己被重视。卡耐基曾说：专心听别人讲话的态度，是我们所能给予别人的最大赞美。

作为细腻的女人，只要我们稍微用心就会发现，在我们的朋友圈里几乎所有的人都喜欢谈论自己，他们对自己的兴趣要高于其他人和事。所以，当你的朋友优于你，甚至超越你时，就可以给他一种优越感，满足他内心的需求，这样他自然对你产生好感。但是当你压过他们，凌驾于他们之上时，就会使他们产生嫉妒与不悦，这样他们对你的感觉当然也不会好到哪里去。

俗话说：木秀于林，风必摧之。会办事的女人要懂得时刻注意在同事面前决不刻意吹嘘自己，要谦虚、谨慎。即使有人奉承，也不要得意扬扬，锋芒毕露，事事争先，以显示自己的能力高，胜人一筹，否则只会招致他人的蔑视，让自己在无意中树敌。

再亲密的朋友，也要保持一定距离

朋友之间应该保持适当的距离——这是会办事女人的交友之道。如果与朋友的关系太过亲密，对朋友的态度就会放肆，有时候还会口不择言，从而伤害朋友。因此，交朋友还是要把握好尺度，不要越过朋友间最合适的距离。

正如刺猬法则：两只刺猬只有找到一个合适的距离——既能感觉到对方的温暖，又刚好刺不着对方，才能平安地度过极度寒冷的冬天。

刘夏在大学里结识了一个朋友焦叶，由于焦叶反应快，为人开朗，所以每次聚会时都能把气氛搞得很活跃。后来刘夏和焦叶分到了一个寝室，由于两个人更加熟悉了，刘夏渐渐发现焦叶说话经常是不分场合，口不择言，让人很是郁闷。

一次，班上几个男生和女生一起去公园玩，焦叶帮刘夏和其他两个女生拍照时，竟然当着众人的面大声对刘夏说："嘿，刘夏，我要走远一点儿才能把你拍进去，要不镜头快装不下去了。"刘夏知道自己上大学后胖了不少，可是当着这么多人的面说自己，不是让别人笑话吗？

还有一次，刘夏在服装店试穿一件当年非常流行的娃娃装。当刘夏问焦叶怎么样时，焦叶居然当着那么多店员的面自以为风趣地说："你要是穿成这样出去，人家会以为你怀了双胞胎呢！"这句话气得刘夏脸都发白了。

许多人都有这样的经验和体会：亲密的人相互之间产生矛盾的概率比一般的人之间要高；不错的朋友常常会因为不起眼的琐事反目成仇；多年的夫妻竟然为几句话而劳燕分飞。人们一般认为，朋友之间交往得越深就越容易相处，关系也会越好。可事实上并非如此。

那么原因出在什么地方呢？其实就是人们忽略了一个"度"的问题。人们常说："距离产生美。"尽管我们都有着良好的愿望，希望自己所拥有的人际关系亲密度越高越好，但正是这样的美好愿望"毁"了我们多年苦心经营的友谊。朋友之间的关系并不是越亲密越好，我们要记住"亲密并非无间，美好需要距离"。

卢枫美和孙舒婉是多年的朋友，她们一直保持着很好的友谊。但是最近却因为她们之间的频繁接触而产生了尴尬，甚至让孙舒婉觉得快要崩溃了。

事情是这样的：上个月，卢枫美因为生意失败缺钱周转，孙舒婉就把所能资助她的10万元钱拿出来借给她。卢枫美很感动，她知道这是孙舒婉这两年来的全部积蓄。从此以后，卢枫美对孙舒婉无话不谈。她每晚都会打电话给孙舒婉，向她倾诉生意上的困境，她认为，只有孙舒婉能够理解她。孙舒婉每天下班很晚，回来后还要花两三个小时陪卢枫美聊天解闷。后来，卢枫美自己的事情聊完了，就开始询问孙舒婉的情况，而且孙舒婉家上上下下的事她都要打听，大大小小的事她都要评论几句。开始，孙舒婉觉得她心情不好，只要她问起，都或多或少地说两句。可有一天，卢枫美和孙舒婉的丈夫也絮絮叨叨地说了从孙舒婉嘴里听说的有关她家的事，甚至连孙舒婉对丈夫的一次抱怨也说了，害得丈夫以为孙舒婉对自己有意见。更糟糕的是，卢枫美有几次在半夜三更来找孙舒婉，让孙舒婉陪她聊天解闷。

这样的日子持续了将近一个月，孙舒婉再也忍受不了了，丈夫、孩子的生活也受到了影响，他们对她牢骚满腹。后来，孙舒婉不得不向公司请假，带着丈夫、孩子去了一趟海南，以旅游的名义暂时摆脱了卢枫美的"骚扰"。

一旦你和朋友的距离过了"界"，你们之间的差别就开始发生作用，因为你的大多数行为都会体现出这些差别。渐渐地，你们之间的分歧和矛盾就会变多，这无疑会影响你们之间的友谊。于是彼此之间从喜欢开始变成容忍，到最后忍无可忍就粗暴要求！当对方不能按你的要求去做的时候，便开始相互指责，直至最后友谊破裂。这就是和朋友距离太近所造成的后果。

人有时就是这样，越是亲密，越容易触及别人的短处或隐私，无意之中也得罪了人。一旦知道自己得罪了人，就要找机会真诚地向对方道歉，取得谅解。因此，即使对待亲近的人也不要太过随意，否则容易失去分寸，造成尴尬和误会，进而难以收场。

如果你也有类似经历不妨回过头来检查一下自己：是不是忽略了场合，是不是触及了别人的隐私？同样是提意见，为什么不以好的方式达到预期的效果呢？因此，要先站在对方的立场上想一下，注意维护对方的自尊，这样你办起事来才会顺利。

会办事的女人明白，在和朋友相处时，应当保持一定的距离，不要让彼此失去自己的空间，不要过多地干涉朋友的正常生活，更不应该进入朋友的私生活，这会给朋友带来无形的压力。反过来讲，自己也不要在朋友面前变得过于透明。

朋友资源，决定你的竞争力

有人说："人际关系与人力技能才是真正的第一生产力。"可见，朋友决定着你的竞争力。身为一个女人，无论你从事什么行业，掌握并拥有丰厚的朋友资源，定会在成功的道路上事半功倍。

一个女人的智慧是有限的，精力也是有限的。想做一番大事情的女人，是需要别人的帮助的。世界上有很多女人获得成功，除去环境、机遇和个人能力等因素，能处理好人际关系，特别善于结交朋友，也是她们取得成功的重要条件。

"成功，不在于你拥有什么，而在于你认识谁。"周晓慧如是说。她的成功就是从积累人脉开始的：24岁，很多年轻的女孩子刚刚走出大学校门进入职场的时候，周晓慧已经是一家大酒店的公关部经理了。她每天都是在忙碌中度过的，工作跨度很大，从举办各类宴会到媒体联络，从企业关系维护到政府关系维护，几年的历练带给周晓慧的除了成熟和自信外，还有一张巨大的关系网。

各类媒体里，她拥有一大帮记者编辑朋友，娱乐、经济、体育记者一应俱全。办宴会展会时，她的人脉资源可以一直从主持人、明星延伸到食物安排工作人员。甚至连政府部门上上下下的工作人员，周晓慧也都混了个脸熟。人生中的第一份工作，无疑为周晓慧打开了一扇门，也为她积累了第一桶"金"——人脉的无形资产。

不过让周晓慧真正体会到人脉资源价值的，还是一件小事。"当时有一个朋友在策划一个记者招待会，发布新闻，但是他自己和媒体不熟悉，就找我帮忙联系相关的记者。"周晓慧说。这是她第一次强烈地感受到市场对于公关服务的需求，有需求就有市场，这令她萌发了创业的念头。随后的几年里，她成功地创办了自己的公关公司。

周晓慧有个习惯，在组织记者活动的时候，顺便记录他们身份证上的生日。就在采访的当天，正逢她的一位记者老朋友的生日，周晓慧出其不意地让快递送上一大束鲜花，令老友感动不已，在同事间也颇有面子。这种温暖的举动，周晓慧说完全是用"心"在经营。

说到自己是如何经营人脉的，周晓慧的秘诀就是用"心"，用真诚和别人交朋友。交情能令许多事情水到渠成，而粗俗的拉关系或者利益交换，只能换取短暂的利益。首先要真诚地对待朋友，你对他好，他心里自然会感觉得到。

对于一个渴望成功的女人来说，朋友就是其生命中的一个支点，凭着它，你可以轻松撬起原本不轻松的人生，让自己的生命绽放出美丽。就如同"气球飞不起来，是因为它没有被打气"一样，一辈子都不走运的女人，是因为她没有足够的人缘！生命中如果没有一个朋友出现，你的道路就会变得艰辛。

这是一个以人脉决定竞争力的时代，要想成就一番事业，必定少不了他人相助。因此，会办事的女人明白，在自己的交际圈子中有许多能真诚地帮助自己的朋友，是非常重要的。

从成功女人的许多案例来看，在她们奋斗的过程中，都曾得到过朋友的支持。许多女人正因为得到了朋友的支持，才渡过了人生中最艰难的时期，缩短了创业的时间，走向了辉煌。比如，你没有资金，有人借给你；缺少人才，有人给你推荐，这样的女人做任何事情都会如鱼得水、左右逢源，她们的竞争力相对于别人自然强多了。当然，我们也看到许多事业初成的女人因没有朋友相助，发展得非常缓慢，甚至是步履维艰。可见，朋友相助对于一个女人的人生是多么重要。

哈佛大学曾经针对贝尔实验室顶尖研究员做过调查。他们发现，被大家认同的专业人才，专业能力往往不是重点，关键在于"顶尖人才会采取不同的朋友策略，这些人会多花时间与那些在关键时刻可能对自己有帮助的人培养良好关系，在面临问题或危机时便容易化险为夷"。这就是好人缘对竞争力的影响。也就是说，如果你在平时建立起了丰富的人际关系资源网，一旦遇到难题，只要请教朋友，那么很多问题便立刻都迎刃而解。

个人的竞争力总有不足。若加上朋友的帮助，个人竞争力将是一分耕耘，数倍收获。可以说，对于个人来讲，朋友资源能帮你释放出潜能。如果能借助朋友精通领域的技能来提高自己，就可以节省时间，当然，你前进的道路上也会产生许多飞跃。

另外，朋友多在社会上的办事形象就好，社会评价也就高，因而求人办事也更容易。所以一个人的朋友的多少，能直接反映出他在社会上的办事能力和水平。

所以，从现在开始我们就要努力搞好人际关系，早一点规划自己的朋友网络，积累自己的朋友资源。下面是几个交朋友的小技巧。

1. 把握好机会

俗话说："独木难撑大厦"。如果有好的机会，就要多交一些有益的朋友。这些朋友会在关键时候帮你一把，可能会直接促成事业的成功。但你要时刻留意能结交朋友的好机会。

2. 知己知彼，百战不殆

作为细心的女人，你要主动地了解对方的兴趣爱好。你可以通过多种方式得到他们这些方面的信息。比如，平时相处时多观察了解，向他的朋友打听询问，或者查阅他的个人资料等。

3. 主动创造机遇

如果你想和刚认识的朋友进一步发展关系，你可以请他们到你家做客。接触越多，彼此间的距离就可能越近。交际中的一条重要规则就是：找机会多和别人接触。

把同事变成朋友，工作人情两相宜

很多女人都认为，同事之间有竞争的利害关系。因为每个人都追求工作业绩，希望赢得领导的好感，获得升迁。但这并不是绝对的，无论怎样，多一个朋友总比多一个敌人要好。若能把同事变成朋友，对你只有好处，而不会有坏处。

几年前，高文和刘菲同时应聘到一家银行做职员，由于工作的关系，她们经常接触，时间久了，两人就成了朋友。

如今，虽然她们各自都已成家，但还是经常一起聚餐、逛街、泡吧。有时候，她们还相约到彼此家中走动走动，把各自的朋友介绍给大家，久而久之，以她们为中心，形成了较大的交际圈。

办公室有时就是一个小社会，同事就是这个小社会的成员。身为上班族，即使你不加班，一天也有八个小时和同事在一起，大家抬头不见低头见，愉快地度过工作中的每一天是最理想的状态。

但这并不是说同事之间没有纷争。由于各人的性格、脾气不同，优点和缺点也暴露得比较明显。尤其每个人行为上的缺点和性格上的弱点暴露得多了，就会引发各种各样的瓜葛、冲突和矛盾。

但是，只要你是个足够聪明的女人，就要耐心地培养彼此的共同语言。这样不仅能增加沟通和了解，拉近彼此的心灵距离，还可以提高工作效率。

赵蕊是一家贸易公司的部门经理，她和一位同事的工作关系比较密切，但是这个同事脾气却很暴躁。她只能通过一些小便笺来给这位同事

提一些小小的鼓励和建议，以为她提供解决问题的方法。比如，当她知道同事要参加一个洽谈会的时候，会在办公桌上给同事留下这样的纸条：别总板着脸，多一些笑容，给人留个亲切的好印象。

这位同事也明白她的良苦用心，逐渐改变自己的坏脾气。由于关系越来越亲密，她们还经常一起去健身、逛街，在彼此的帮助下，两人的事业也越来越顺了。

当然，要想让同事成为自己的朋友，并不是一件容易的事情。你首先就要以朋友的身份去面对你的同事，还要明白一些拉拢人心的技巧和相处时的禁忌。

1. 拉拢人心的技巧

（1）要学会安慰和鼓励同事。当同事自己或者家中遇到什么不幸，工作情绪非常低落时，往往最需要人的安慰和鼓励。这时，你应该学会安慰和鼓励同事，这样他一定会对你的帮助感激不尽。

（2）乐于从老同事那里汲取经验。有机会时，我们不妨聆听一下老同事的见解，尤其是那些资历比你深，但其他方面比你弱一些的同事，这样会赢得他们的好感；而那些能力强的同事，则会认为你善于进取，进而乐于关照并提携你。会办事的女人不会在单位里自命不凡，不买那些老同事的账，这会让老同事很反感。

（3）向新同事提供善意的帮助。帮助别人是与别人建立友谊的一种有效方式。新到的同事对手头的工作还不熟悉，但是又不好意思向人请教。这时，你最好主动去关心帮助他们。在他们最需要得到帮助之时给予的帮助，往往会让他们铭记终生，并且他们会在今后的工作中更主动地配合和帮助你。

（4）有困难及时向同事求助。有些女人从来不爱求人，认为那会给别人带来麻烦，但有时求助别人反而能表明你对别人的信赖和看重，能在一定程度上起到融洽关系和加深感情的作用。

（5）有好事就告诉同事。在公司里有了什么好事，你事先知道了，就告诉同事，让他们分享这份快乐。比如逢年过节的时候，单位里会经常发一些物品、奖金等。如果你沉默不语，那么同事就会认为你不合群，缺乏共同意识和协作精神，更不会把你当朋友看。

（6）不要过于计较自己的利益。有一些女人与同事的关系不好，是因为老是争求种种的好处，时间长了难免引起同事们的反感，无法得到大家的尊重，最后使自己变得孤立。事实上，这些东西未必能带给你多少好处，反而弄得自己身心疲惫，并失去了良好的人际关系，可谓是得不偿失。所以，对不大影响自己前程的好处，应多一些谦让。

2. 相处时的禁忌

（1）同事被上司责备时，不要立刻安慰。当同事在众人面前公开被上司责备的时候，同事所受到的伤害很深。这时同事的感情正是最脆弱的时候。假如你在这时冒失地给予同事同情或安慰的话，你不仅会在众人的面前挨上司的骂，而且同事在众人的面前被你安慰，那种被羞辱的感觉更加深了。最好是在下班后，把同事单独约出去共进晚餐。

（2）不要轻易与同事发生金钱往来。有句话说得很好："假如你想破坏与朋友的友谊，只需借朋友钱就行了！"轻易向同事借钱肯定会破坏同事之间的关系。会办事的女人总会在身上多装一些钱，并尽可能地避免借钱给同事，即使向同事借了钱，也会尽早地还给同事。

（3）不要和同事飞短流长。有些女人喜欢在闲聊中讲上司的坏话，或者抨击公司的制度有缺陷……这是公司里十分常见的现象。但是，如果你说的那些非常难听的话被别有用心的同事听见，他往往会添油加醋地四处宣传。最后，你和你同事的关系就会很僵。

（4）女人的愚直往往招来灾祸。诚实和坦率从表面上来讲是很可爱的，然而，假如任意使用，就会把友谊、事业慢慢拖入"泥潭"之中。因为每个同事在心里都有一个良好的自我形象，不容许任何人诋毁它，更不能忍受心直口快的人把自己的弱点说出来。

第四章
多点人情味的女人好办事

  有人曾说过这样一句话："爱是自然界的第二个太阳。"女人表现出的人情味会自然流露出其真挚的情感，给人以爱与关怀的奇妙感觉。在办事的时候，对方会被女人这种由内而外的个性魅力所感染，自然不忍拒绝你挂着微笑的脸。

微笑会给女人带来好运气

古龙说过，爱笑的女人，运气不会太差。用你甜美的微笑去迎接每一个人，那么你就会成为受欢迎和会办事的女人。可以说，女人的成功从微笑开始，它是你办事的敲门砖。如果女人在各种场合都能恰如其分地运用微笑，就可以传递情感，沟通心灵，甚至征服对手。

德国曾举行过一次游艇展览，参观的人不计其数。在展览会上人们可以选购从小帆船到豪华的游艇等各种船只。

在这次展览中，一位来自非洲某一盛产黄金的大国的有钱人，站在一艘游艇前面，对站在他旁边的推销员说："我想买价值2 000万美元的游艇。"这对推销员来说是求之不得的好事。可是，那位推销员只是直直地看着这位顾客，以为他是疯子，没加理睬。所以，他的脸上冷冰冰的，没有笑容。这位有钱人看了看这位推销员冰冷的脸之后走开了。

他继续参观，到了下一艘陈列的游艇前，这次他受到了一个年轻的女推销员的热情招待。这位女推销员脸上挂满了欢迎的微笑，那微笑就跟阳光一样灿烂。这位女推销员脸上可贵的微笑，使这位有钱人有宾至如归的感觉，所以，他又一次说："我想买价值2 000万美元的游艇"。

"没问题！"这位女推销员微笑着说，"我会为你介绍我们的系列游艇。"她只通过这样简单的附和，便推销了自己。而且，她在推销东西以前，先把世界上很有魅力的东西推销出去了。

所以，这位有钱人留了下来，签了一张500万美元的支票作为定金，并且他又对这位女推销员说："我喜欢人们表现出一种他们非常喜欢我的样子，你现在已经用微笑向我推销了你自己。在这次展览会上，你是唯一一让我感到我是受欢迎的人"。

第二天，这位有钱人就带了一张保付支票回来，购下了价值2 000万美元的游艇。

古人云："笑开福来。"女人在办事的时候，只要时时超越自我情绪的困惑，就会极大地促进你良好个性和创造力的发展，为把事情办好铺下一块块"基石"。

女人应该多微笑，少发脾气，因为每天开开心心的，可以缓解别人的紧张情绪，促进彼此的沟通，这样更有利于成功。每日多一次微笑，人生就多一点成功，要知道，微笑是助你成功的无形资产。

有一位女博士年轻的时候就喜欢研究心理学，退休之后，就和丈夫商量着开了一家心理咨询所。没想到其生意异常红火，每天来此的人络绎不绝，预约的号甚至排到了几个月以后。有人问她，她如此受欢迎的原因是什么？女博士说，其实很简单，主要就是让每一位上门的咨询者经常练习一门功课：寻找微笑的理由。

真正因微笑走向成功的应首推美国人希尔顿。希尔顿旅馆总公司的唐纳·希尔顿董事长，从1919年到现在，每年都要多次到分设在全世界各地的希尔顿旅馆视察业务。他每天至少与一家希尔顿旅馆的服务人员接触。他从总经理到服务员逐级询问，而他向各级人员问得最多的一句话就是："你今天对客人微笑了没有？"希尔顿旅馆从1919年的一家扩展到70多家，生意如此之好，其成功的秘诀就是服务人员"微笑的影响力"。

其实，保持微笑并不难，女人几乎每天都能轻而易举地找到十来个微笑的理由。比如，你与上司或同事的紧张关系趋向缓和；有人称赞你的新衣服；在平常的日子里，你收到了一封朋友发来的写满祝福和思念的电子邮件；在你下班的时候，你的爱人给你倒了一杯水；在上班的路上，帮了一个有困难的人，等等。

张环和李青是毕业于同一所学校的大学生，并且专业相同。这天，张环和李青同到一家公司面试。面对主考官的发问，张环滔滔不绝甚至不等主考官说完就大发意见，很有"指点江山"的气势。而李青却始终面带微笑，平静而又不失机灵地陈述着自己的见解。结果只有李青被录用了。

究其原因，用主考官的话来说就是他从李青的微笑中，看见了李青礼貌、自信和稳重的品质，看见了李青潜在的创造力。

事实上，像张环这样的一个不懂礼貌的女人要想成功，其难度是不难想象的。女人具有一项最宝贵的无形资产——微笑。会微笑的女人往往能把自己推销出去。这是因为，所有的人都希望别人用微笑去迎接他，而不是横眉怒目。

微笑不仅能使你保持轻松愉快的心境，还能感染他人，而且他人的微笑又反过来强化你的愉悦和微笑，形成你与他人之间人际关系的良性循环。在适当的时候、适当的场合，一个简单的微笑可以创造奇迹；一个简单的微笑可以使陷入僵局的事情出现转机。

或许有人会提出疑问，任何事情都只要微微一笑就能解决吗？答案当然是否定的。所以，身为女人的你要解决问题，最好是一开始便避免不利事情的发生。也就是说，在问题发生以前，你就要及时化解，而一个真心的微笑，不管是从眼睛看到的或从声音里感受到的，都是一个很好的开端。任何办事有经验的女人都会明白这一点。

中国有句古话："人无笑脸莫开店。"能从内心深处发出微笑的女人，一定优雅精致、独具魅力、极具亲和力。无论在生活上，还是在工作中，这样的女人往往会万事皆顺。正如有位作家所言："我要用笑声点缀今天。"

用真诚打动别人

有亲和力的女人知道，真诚是一笔宝贵的人格财富。会办事的女人懂得如何以发自内心的真诚来表现自己的魅力。曾经打败过拿破仑的库图佐夫，在给叶卡捷琳娜公主的信中说："您问我靠什么魅力凝聚着社交界如云的朋友，我的回答是'真实、真情和真诚'。"

刘嘉是一个非常受欢迎的女人，对朋友很热心，而且善解人意，朋友们都说她像阳光一样温暖。其实，这要归功于一件突发的事件，正是它改变了她对别人的态度。

一天，刘嘉突然接到消息说她的外公去世了，有很长一段时间，她什么都不知道了。刘嘉从小父母离异，是外公把她抚养大的，而她本来说好等孩子们放了寒假，全家回老家看望外公。外公的突然去世，让她一下子无法接受。

得知消息的许多朋友给她打来电话，几乎每个人都说："如果要我帮忙的话，请告诉一声。"然而她心里乱得很，根本静不下心来做任何一件事。实际上，她要做的事情很多，如买机票，整理全家动身要带的衣服，托人照管房子，等等。就在这时，门铃响了，她的朋友王娜站在门口，对她说："我是来帮你刷鞋子的。"

王娜解释说："记得我母亲去世时，我花了不少时间来刷洗孩子们要去参加葬礼的鞋。"此外，王娜没有再说别的，她只是把孩子们的脏鞋一双双地拿到手边，连刘嘉和她丈夫的也拿去了。

看着她刷鞋的背影，刘嘉的眼泪终于滚落下来。顿时，她开始变得从容，一件一件地做那些很急迫的事情。

后来，刘嘉每每想到王娜刷鞋子的背影就会非常感动。这件事给了

她很大的触动。从此当朋友们需要她时，她都会尽力去做一点儿对他们有用的事。

有时候，一个行动就证明了你是多么真诚，所以，要想赢得朋友的信任，不要光靠一张嘴，还要付出你真诚的行动，因为你朴实无华的行动比任何美丽的语言更能温暖朋友的心。当然，你也一定会在需要的时候收获一份真心的回报。

可见，真诚是一笔宝贵的人格财富，聪明的女人懂得如何以发自内心的真诚来赢得人心。著名演说家李燕杰说："在演说和一切艺术活动中，唯有真诚，才能使人怒；唯有真诚，才能使人怜；唯有真诚，才能使人信服。"女人办事的时候也一样，要使人动心，就必须先使自己动情。

高艳在一次聚餐中，不小心把主人的钻石项链扔到垃圾堆中处理掉了。高艳知道项链价值不菲，而且是限量版，想赔偿都买不到一模一样的。于是她写了一个便条，上面这样写道："我知道我昨晚的错误是没办法被原谅的，但我相信，您理解我不会故意扔掉您的项链。如果我当时不过量饮酒，是不会发生这种情况的。"

高艳把便条交给主人的时候，还附上少量的主人最喜欢的香水。高艳很清楚，自己虽然无法赔偿项链，但却是用一颗真诚的心在忏悔。

两周后，主人给她写了一封简短的回信："虽然项链丢失我很心痛，但我还是决定原谅你，因为一颗真诚的心用什么也买不到。"

当一个女人真的做错事的时候，真心的道歉是必需的，唯有一颗真诚的心，才有可能得到别人的原谅。心理学家认为，人与人之间存在"互酬互动效应"，只要你能捧出一颗至诚的心给别人，别人也会以同样的方式给予回报。正如我国著名的翻译家傅雷先生所说："一个人只要真诚，总能打动人的，即使人家一时不了解，日后仍会了解的。"

换句话说，最能赢得人心的女人，不见得是口若悬河的女人，而是善于表达自己真诚情感的女人。只有建立起信赖关系，对方才可能喜欢你，并因此答应你提出的要求。所以，放下戒心，让自己以真诚实在的状态示人，这是真诚的女人与人接触时的第一个行动。如果对方感到你信任他，也自然会消除戒备心理，把你作为可以信任的朋友，乐意与你交流。

我们每个人的内心深处都有一块只留给自己的空间，别人很少能进来。但我们又迫切希望获得他人的理解和信任，所以我们只向自己信得过的人敞开心扉。以一个开放的心灵换取另一个开放的心灵，这就是用真诚换来真诚。如果每个女人能在办事时，用诚信取代防备、猜疑，就会获得出乎意料的好结局。

或许，有些女人对真诚待人抱怀疑或否定态度，在办事的时候，怕真诚待人会吃亏上当，想让别人主动先以真诚待己。不能否认，生活中有这样的人：他们玩弄他人的真诚，戏弄他人的善良，以怨报德、以恶报善。但是，这种人在生活中毕竟是少数。再说，当我们的善良和真诚被心怀叵测的人愚弄之后，损失更大的并不是自己，而是对方。

只要你仔细观察便不难发现这样的人很少得到别人真诚的帮助。因为她们从没有用真诚的行动去感动过别人，而只是让虚伪的热情浮于表面，这种表里不一的行为只会让别人产生不信任的感觉。所以，以诚挚的态度和实际行动对待别人的人，才能赢得别人的尊重。

正如白居易所言："动人心者莫先乎于情。"炽热真诚的情感能使"快者掀髯，愤者扼腕，悲者掩泣，羡者色飞"。

让人感觉到你的热情

爱默生说过："没有热情，任何伟大的业绩都不可能成功。"女人不管在哪个领域，要想获得事业上的成功，首先需要的就是热情。因为

没有其他任何东西能比热情更让人勇敢、精力充沛、引起别人的好感了。

会办事的女人懂得利用心理学上的"邻里效应"，及自己的热情打动周围的人，这样，她便拥有了很多"好邻居"，这等于为自己增添了"左膀右臂"。细细分析女人大部分的朋友，不是同学、同事，便是近邻。聪明的女人常常在与周围人的互动过程中，以最小的代价换取最大的收益。

在办事的时候，热情是女人最重要的财富之一。当对方感受到你的热情时，他也会被你的热情所感染，自然会对你亮起"绿灯"。如果你总是摆出一副拒人于千里之外的模样，别人又怎么会对你产生好感呢？

热情代表着一种积极的精神力量。不同的女人，其热情程度与表达方式也不一样。但总的来说，热情是人人都有的，只要善加利用，可以使之转化为巨大的能力。比如，当你的内心充满要帮助别人的热情时，你就会兴奋，你的精神振奋后，也会鼓舞别人努力工作，这就是热情的感染力量。

有一个其貌不扬的女推销员，在刚走上推销岗位时，由于没有什么经验，所以饱尝失败之苦。推销是以业绩拿收入的工作，没有业绩，一分钱的薪水也拿不到，她没有业绩，当然也没有收入。

为了节省开支，这位女推销员只好暂时寄住在亲戚家。然而，虽然条件艰苦，但是她却始终保持着满腔的热情。她每天清晨 4 点左右起床，在走向公司的路上特别有精神，遇到别人还热情地打个招呼。

每一天早晨，她在去公司的路上，都会遇到一个穿着体面的贵妇人。可能是每天都碰面的缘故，日子一久，彼此间就很自然地打个招呼，道声早安。这天，她们照例打过招呼之后，那位贵妇人却叫住她，并和她聊了起来。

"我看你整天热情十足，全身充满干劲，日子一定过得不错啊！"

"还好啦。"她回答说。

"我看你每天起得很早，一定挺辛苦的，我想请你吃早餐，有空吗？"

"谢谢您！我已经用过了。"她虽然肚子饿得"咕咕"叫，仍不失体面地答道。

"哦！那就改天吧。请问你在哪里高就啊？"

"我是保险公司的推销员。"

"是吗？既然你没空吃早餐，那我就投你的保险好啦！"

这位女推销员一下子愣住了。整整7个月的时间，她没有拉到过一分钱的保险。那一刹那，她深深地感受到了"喜从天降"这句话的滋味。

原来，这位体面的贵妇人是附近一家大酒楼的老板娘。经过她的介绍，这位女推销员很快就与许多大公司搭上了线，获得了许多潜在客户。

正是女推销员的热情，给自己带来了好运。可见，有热情和没有热情，效果是截然不同的。前者会使你变得有活力，事情也办得有声有色；而后者则使你变得懒散，对事情冷漠处之，办事当然就不会顺利了。

所以，要热情地对待身边的人，你懂得关心别人，自然也会得到别人的真心。作为女人，热情地笑对身边的人也是对自己的一种投资，是提升个人魅力的一个筹码。付出了热情，收获了融洽，在办事的时候，这样做利己利人，聪明的女人何乐而不为？

女人要能用自己的情绪感染他人，用自己的行动带动他人，热爱生活，热爱事业，热爱家庭，热爱身边的朋友，使自己的言谈举止都洋溢着一种快乐与轻松，这样在办事的时候，就会如鱼得水。

吃亏是很好的投资

吃亏是一种糊涂的智慧，是一种变相的投资。女人只要愿意吃小亏、敢于吃小亏，那日后往往会有更多的回报。

李笑笑从小学到高中一直是很听话的学生，深得老师的喜爱，因此也常常被指派做各种工作，如抄黑板、改考卷、甚至给上课的老师倒茶、取教具等，这些好像都是她分内的事。这些在别的同学以为是"吃亏"的工作，李笑笑不但不感觉到苦，甚至还很愿意做。因为她觉得能被老师看重是非常光荣的事。就这样，勤劳的李笑笑一直读到了大学，虽然年龄增长了，但任劳任怨"吃亏"的性格还是没变。

由于李笑笑的家在乡下，为了有很多的时间学习，她选择住在学生宿舍里，碰巧宿舍紧挨着实验大楼，因此，和实验有关的一切工作又如使命似的落到她的肩上。她经常被助教叫去帮忙。原来的计划不但没有实现，反倒给自己揽了新任务，不过李笑笑不后悔，她总是随叫随到。

实验室新近养了几只小白鼠，李笑笑理所当然地成为一群实验用小白鼠的"保姆"！她每天不但要为它们换水装饲料，还得给它们换尿布。那股臊臭味简直令人作呕。这时的李笑笑已不再是任劳任怨的小孩子了，有时候她也心不甘情不愿的，但唠叨归唠叨，一想到这是自己的职责，就决心抱着吃亏的劲头继续做下去。

时间如流水般滑过。转眼间，李笑笑就要大学毕业，该考虑参加工作的事情了。许多同学因为找不到工作而唉声叹气、愁眉苦脸，这也让李笑笑死了心，决定打道回府回乡下农场当园丁。李笑笑正打算找教授们问自己是否能在实验室继续做这个工作，恰在这时，那些平日喜欢找李笑笑帮忙的教授们，纷纷提供工作机会让李笑笑挑选。那一瞬间，李笑笑感到无比高兴，这时候她才恍然大悟，自己之前的工作没白干，亏没白吃，她无怨无悔的付出终于得到了回报。

其实，吃亏是朋友交往的必要前提。如果一点亏都不想吃，只会让自己的路越走越窄。人们对处处抢先、占小便宜的女人一般都没有什么好感。因为她们从来不为别人考虑，眼睛总是盯着自己看好的利益，并迫不及待地跳出来占有它。她周围的人会对她很反感，合作几个来回就再也不想与她合作下去了，这不就吃了大亏了吗？

由此可知，"吃亏是福"并不是简单的阿Q精神，而是祸福相依、付出与得到的生活辩证法，是一种深刻的人生哲学。

俗话说："欲取先予。"在这个过程中，吃些"亏"是在所难免的。女人在办事的时候，吃这样的亏，可以让你的同事、朋友受益满足，他们就会记得你的"好"，这样就可以为你带来比旁人更多的人缘和成功的机会。

会办事的女人，懂得自己吃点亏去照顾大家的情面或者帮助别人一把，这样才能与人和谐相处，并赢取别人的信任，使自己处处受欢迎。有时候，你吃的亏越多，那么别人欠你的人情就越多，而人是有感情的动物，总有一天会"滴水之恩，涌泉相报"的。

在商场，女人与每个合作者分利的时候，要懂得吃亏，只拿小头，把大头让给对方。如此一来，凡是与你合作过一次的人，都愿意与你继续合作，而且还会介绍一些同行的朋友，扩大你的交际圈，使他们成为你的客户。人人都会说你好，因为你只拿小头，但所有人的小头集中起来，就成了最大的大头。懂得吃亏，你才是真正的赢家。

打造亲和力，
孤芳自赏在办事中没有任何意义

　　一个孤芳自赏的女人，她的骄傲心理会日益膨胀，直至达到恃才傲物的程度，最终，她变得不懂得去尊重任何人的意见，"以自我为中心"的思维会在她头脑中根深蒂固。

　　做这样的女人绝对不是一件好事，因为这意味着你已经被其他人疏远了。很多时候，亲和力胜过美貌！在人际交往中，具有亲和力的女人不俗不媚、宽容随和、通情达理，无论在何时何地都是广受欢迎的。具有亲和力的女人在与人谈话时总是用友善的口吻，脸上也总是保持着微笑，这样能有效地消除人与人之间的隔膜，拉近彼此间的距离。

　　劳伦是位来自洛杉矶、经验丰富的女商人，她有着时髦的行头，讲究品位。劳伦因为想放慢生活节奏、得到更多的归属感，而搬到西南部的一个小城镇。

　　尽管她喜欢这个城市和那里的居民，但是她感到自己不受欢迎，有时碰上什么事，寻求别人帮助的时候总是很少有人答理她。最终，她的朋友给她指出，她的穿着和交谈方式让当地人觉得她在装腔作势。

　　从那以后，劳伦特意穿得很随意，一改往日严肃的面孔，微笑着与人谈论当地的事情，并通过多参加社交活动，试着让自己更加容易接近。虽然一开始她很不习惯：不习惯穿咔叽布，不习惯谈论经营牧场，但是她发现，她与新邻居和同事更加容易交流了。

　　女人需要亲和力，因为只有具有亲和力的女人才会在生活和工作中收获好人缘。而那些孤芳自赏的女性，除了自我陶醉之外，很难顺利地办成事。

玛利亚夫人是一家跨国化妆品公司的地区经理，她要求其公司的员工必须使用自己公司生产的化妆品。她的理由是：公司员工不使用自己公司的产品，就像凯迪拉克轿车的推销员开着福特轿车四处游说，人寿保险公司的经理自己不参加保险一样无法让人接受。

但有一次，玛利亚夫人发现莉迪亚正在使用另外一家公司生产的粉盒及唇膏，莉迪亚也发现自己的行为被玛利亚夫人发现了，吓得赶紧收了起来。

玛利亚夫人走到莉迪亚桌旁，微笑着说道："上帝呀，我看见了什么？你不会是在公司里使用别的公司的产品吧？"她的口气十分轻松，脸上洋溢着微笑。莉迪亚的脸微微地红了，不敢做声，心想这下该挨批了。但是，玛利亚夫人并没有发火，说完这句话之后就走开了。

第二天，玛利亚夫人送给莉迪亚一套公司的彩妆及护肤品并对她说："如果在使用过程中觉得有什么不适，欢迎你及时地告诉我。"

后来，公司所有的新老员工都有了一整套本公司生产的适合自己的化妆品和护肤品。玛利亚夫人亲自做了详细的示范。她还告诉员工，以后员工在购买公司的化妆品时可以享受折扣。

玛利亚夫人温和的态度、友善的表达，使她自然地与员工打成一片，成功地灌输了她正确的经营理念。

很多女人因为自己身份或者地位的改变，而把亲和力丢了，总是喜欢摆出一副高高在上的姿态，让下属望而生畏。这种女人慢慢地也就与别人疏远了，最后很可能沦为可悲的孤家寡人。

无论他是你的朋友，还是你的下属，交流的时候，没有什么比亲和的态度更重要了。这种说话方式的优点是易于消减人与人之间的隔膜，进而使传达者有效地把自己的思想传递给被传达者。所以，聪明女人要懂得打造亲和力，并利用它来为办事加分。

多理解别人的难处

女人在求人办事的时候，要明白对方不是神仙，不能呼风唤雨、有求必应。作为会办事的女人，要懂得从对方的角度考虑问题，理解对方的难处。其实，在你最困难的时候，没有人故意不帮助你。有时候，对方也是心有余而力不足，无法把事情做好。

杨玲玲是一个从几万元起家到拥有几千万元资产的皮鞋制造商。在财单力薄的创业初期，她靠的就是以心换心、投桃报李，进而得到同行业大厂家的认可，联合了所有的人力、物力、财力。

一次，杨玲玲厂里生产的一种白鞋带、白扣的软皮鞋，在南方某个省份失去了销路，零售商天天打电话要求退货，这可急坏了地区批发商，他连夜赶来找杨玲玲商量对策。这可是个大问题，如果把货收回来，积压在家里，批发商将遭受巨大的经济损失。

杨玲玲二话没说："你的困难就是我的困难，不管是什么原因造成了这种局面，我都决不会让你受损失，你把白带白扣的皮鞋统统收回，送到我这里调换成别的式样的鞋。"这个地区批发商感动地说："但也不能让你一个人吃亏呀。"杨玲玲说："产销一家嘛，我们都是一家人，谁受损失都一样，这事理应由我来处理。"这件事传出去以后，全国各地的批发商对杨玲玲更加敬重了。杨玲玲帮助人的事不胜枚举。批发商、零售商都很敬佩杨玲玲的为人。

"天有不测风云"，在1998年百年一遇的大洪水中，杨玲玲用贷款修建的现代化皮鞋厂遭受了灭顶之灾，设备、材料、产品被冲得几乎一干二净，辛苦数年积攒的全部家底都在洪水中化为乌有。杨玲玲犹如遭到了晴天霹雳，她甚至想到了死。在她万念俱灰的时候，她的销售网络中几个较大的批发商登门拜访，鼓励她重振旗鼓。可是，杨玲玲连还债的钱都没有，哪还有资金兴建工厂。一位批发商爽快地说："你放心，只要你肯继续干下去，钱的事包在我们身上了。"另一位说："过去，我们困难的时候，你为我们着想，帮助了我们，现在我们也决不能昧良心，袖手旁观。"五天后，那几位批发商召开了来自全国各地几百位批发商的集资大会，仅仅两个多小时，就凑齐了杨玲玲重建工厂所需的资金，一星期后，杨玲玲的工厂就恢复了生产。

正是因为杨玲玲在别人有困难的时候，能为对方着想，理解对方的难处，她才赢得了对方的支持。相反，如果你完全不顾及对方的难处，一相情愿地把自己的问题都硬塞给人家，对方可能会碍于面子答应下来，但是下次你再有什么事请他帮忙，就不好办了。

可见，想让对方理解你，你必须先付出诚意。你要想一想：自己有没有设身处地地为对方考虑呢？自己有没有用对方的眼光看待事物呢？自己有没有用对方的思想理解事情呢？如果没有，你怎么能要求对方这样做呢？很多事情是需要你主动先付出的。想不付出就得回报的事情也有，但不是经常发生。所以你必须先理解对方，这样对方才能理解你。

送人一束玫瑰，留下一缕芬芳。好的人缘并不是凭空而来的，你只有首先关心别人，才能够获得好的人缘。正如卡耐基所说："如果我们想交朋友，就要先为他人做些事——那些需要花时间、体力、体贴、奉献才能做到的事。"正像我们自己需要对方关心一样，你的朋友、同事、上司、下级、顾客，以至陌生的路人，也需要我们的关心。

事实上，每个女人都有生活不如意的时候，只是有的女人不知道怎样去面对，甚至不停地抱怨对方。可是，你想过没有，当你在抱怨别人的时候，为何不先看看自己的态度如何？当然，并不是说，仅仅是让你去同情对方，这对解决实际问题没有太大的意义。会办事的女人明白，一个人需要理解的时候，一般都是需要帮助、认可、鼓励的时候。

值得注意的是，女人在求人办事的时候，不要把自己的习惯和逻辑思维带到与人交往的过程中去，否则只会招人厌烦，断送自己的人脉关

系。会办事的女人懂得细水长流的道理。她们知道也许这件事情朋友没有办法帮你，在下件事情上她的协助，就是你制胜的法宝了。会办事的女人会在理解对方的同时，要让对方获得利益，这样对方会更主动，进而收到更好的效果。

会办事的女人能分担、理解这种难处，所以，不会感到求人办事太难。这就要你对别人的要求不要过高，求人办事不要穷追猛打，一定要别人做到什么地步，否则就觉得对方不够意思。求人办事一定要懂得知足，别人能办多少就办多少，不要勉强。很多时候，我们应该站在别人的立场上去想想，真诚地关心他，时刻表示出你对对方的善意，这样才能感化对方，让对方为你尽力办事。不要为了一件事而失去一位朋友。

用你的亲和力去感染别人

会办事的女人懂得用自己的亲和力去感染别人，这样容易消减自己与别人之间的隔膜，与人建立良好的人际关系。正如蒂齐亚纳·卡夏罗所说："员工有问题总愿意找他们觉得可亲的人帮忙，即使这个人的水平不高。"

无论是对谁，李娇娇的脸上从来都是挂着笑容，给人以亲切的感觉，这让她总是能够获得很多人的帮助。

刚开始她在一家食品公司工作时，无论是对上司，还是对车间里的工人，她都是笑脸相迎，还总说一些关心别人的亲切话语，这让大家都很喜欢她。有一次，公司决定派两个人外出进修，人事部经理第一个想到的人就是李娇娇，理由很简单——她从来没有像别的员工那样，有事没事就来自己办公室发牢骚，抱怨这个、指责那个，总是要求调部门，却又总是不满意。李娇娇从进入公司以来，无论是对自己部门的同事还是其他部门的同事，都十分和善，也难怪她会得到这样的机会。

尽管后来她离开了这家公司，但她和原来的同事们的关系一直都很好，没事的时候就约他们出来聚一聚。在新公司遇到什么困难了，他们也总是乐于帮她解决，这让李娇娇的事业越来越顺利，她的生活也因为这些朋友的存在而充满了愉快。

两位管理学专家，哈佛商学院的蒂齐亚纳·卡夏罗和杜克大学的索萨·洛沃分析了多种职场关系，得出的结论是：大多数人宁愿与讨人喜欢的傻瓜一起工作，也不想和有本事的讨厌鬼共事。因此，女人在办事的时候，无论是作为一名销售人员，还是作为一名医疗专家，抑或是作为一名行政管理人员，只要你需要与别人打交道，就不能忽略亲和力在人际交往中的神奇效果。

北京一家电器公司的女董事长，从不以彪悍的女强人形象示人，而是以自己的亲和力制胜。她经常不带秘书，独自一人巡视工厂。身为一家公司的女董事长，亲自步行到工厂已经难能可贵，更有趣的是，她还经常把小零食送到员工手中，作为对员工的慰劳。这种与员工同乐的行为，经常让他们大吃一惊，甚至产生有点不知所措，又有点受宠若惊的感觉。没有人会想到一位身为大公司董事长的女人，会亲自提着小零食来跟他们一起分享。

这位女董事长平易近人的低姿态使她和员工之间建立了深厚的感情。即使是星期天，她也会到工厂转转，与保卫人员和值班人员亲切交谈。她曾经说过："我非常喜欢和我的员工交往，因为从中我可能听到许多创造性的语言，这会让我有意想不到的收获。"

的确，通过对基层群众的直接调查，不仅可以获得宝贵的第一手资料，而且弄清了企业利润流失的种种原因，还获得了许多有价值的建议，更重要的是赢得了员工的好感和信任。由此可见，作为女人，亲和力是一种不容忽视的能力，是赢得成功的无形资本。亲和力是你让别人为你办事的"介绍信"，一个女人的这种亲和力往往可以感染她周围的

人。试想一下，当你有求于人时，脸上挂着微笑，别人自然不忍拒绝你。当然，这种力量还会让你交到更多的朋友，朋友多了路好走，他们会成为你办事的助力。

在生活中，人人都怕被拒绝，这是人的天性。因此，如果你具有亲和力，不摆架子，也不高人一等，就会让别人感觉很"安全"，这样就减小了别人的恐惧感，开始接受并欢迎你，而不是拒绝你。同时，女人的亲和力让你看起来很好相处，既能拉近彼此的距离，还可以吸引别人为你办事。

相反，没有亲和力的女人，即使其他方面做得很好，别人也往往会疏远你。当你求别人办事的时候，对方说不定还会幸灾乐祸。而一个有亲和力的女人，懂得如何控制自己的情绪，让自己受欢迎，也让自己在办事的时候更顺利。那么，如何让自己看起来更有亲和力呢？

首先，多和别人交流。亲和力不是从想象中得来的，而是靠在和别人交流的实践中得来的。在与他人多次交流的过程中，你就可以不断强化自己的"实战能力"，随时修正自己。

其次，不要过于自恋。过于自恋的女人，会不自觉地回避和抵制别人的批评，甚至不能容忍任何不同意见的存在。她们会与任何人都保持情感上的距离。其实，没有人永远是对的，不如敞开心扉去接纳别人的观点，这样对方才会接纳你。

最后，保持轻松愉悦的心情。如今，工作节奏加快，就很容易使人出现焦虑的情绪，变得烦躁不安，会不由自主地发脾气，使他人不敢靠近。会办事的女人懂得调节自己，让自己拥有一份好心情，以发自内心的这种亲和力来与别人交往。

总之，女人的亲和力是良好的人际沟通能力的表现，是通向事业成功的桥梁。在办事的时候，一个具有亲和力的女人会有很好的人缘，也容易得到同事的支持和鼓励。

不要勉强别人办很难办的事

当女人们遇到困难的时候，第一个想到的肯定是寻求朋友的帮助。但是，当朋友也帮不了你时，千万不要心存不满，也许只是你的这件事太难办了。与其去勉强别人办他无法办的事，倒不如另想办法，这才是明智的选择。

王晴发明了一种新的祛痘化妆品，订货单很快就纷至沓来了，其中一家连锁店的订货量最大，数量是600箱，并且很急。但是王晴在欣喜之余，也陷入了烦恼，因为每生产一箱需要5 000元，出售的价格是1万元。王晴手里的资金不多，为了筹集300万元，她跑了无数家银行，找了无数个投资人，结果仍然两手空空。她只能求助于朋友，但不巧的是，朋友们的手头都不宽裕，实在没有这么多钱可以借给王晴。

无奈下，王晴去向自己的密友借钱，密友解释了不借钱的缘由。王晴非要让密友给自己借钱，还说不帮忙就再不理她了。

很多时候，女人们应该站在别人的立场上去想想，先别为朋友的薄情而义愤填膺，也许是你的事情太难办了，超出了他的能力范围。如果他在你的勉强下，心不甘情不愿地为你把事办成了，那么你们的友情也就到头了。

实际上，如果对方不愿帮忙，肯定有不愿意的理由，求人者就应该体谅对方的难处，不能因他不帮忙就让他难堪。也许此时对方还有顾虑，你应给他充分的时间来考虑，千万不能因对方一时没有答应便意气用事，强人所难。

同时，你的要求令他为难，说明你以前的付出还没累积到可以提这

个要求的地步。这就好像一棵树上结满了李子，李子成熟时味道甘美，可你非得在李子刚刚长成时就要吃，那尝到的滋味肯定是苦涩的。人际关系也如同我们培育的果树，过早地摘取果实既费了自己的心血，又尝不到果实的美味，是得不偿失的。

刘芝是一家杂志社的主编。这天，她交给新来的赵波一个任务：采访本省的省长。赵波第一次接到重要任务，不是欣喜若狂，而是愁眉苦脸。他想：自己任职的杂志社又不是当地一流的杂志社，而自己也只是一个名不见经传的小记者，省长怎么会接受他的采访呢？于是，赵波就把自己的担心告诉了刘芝。

其实，刘芝自己也明白，就是因为自己也没有很好的机会接触省长，所以才让赵波去试一试。实际上，刘芝对此也没有什么信心，但一想到自己杂志社面临的倒闭困境，硬是让赵波去。结果，赵波不仅碰了壁，还因此对刘芝怀恨在心。

试想，如果有人把一件很难办的事情甩给你，你会怎么想？永远都不要一相情愿地勉强别人办很难办的事，朋友可能碍于面子答应下来，但是下次你再有什么事请他帮忙时，就不好办了。

有的女人的确会犯这样的错误，以为自己地位优越，别人就必须服从自己的"号令"，这样做其实是对他人的不尊重。无论是对待家人、朋友，还是同事，都要充分考虑对方的感受，考虑你让他办的这件事是不是超出了他的能力范围。家人也许会竭尽所能地满足你，因为他们爱你，愿意满足你的一切需求，但是不要把他们的爱当成是理所当然的事情。对待朋友和同事，更要多为对方考虑，这样才能赢得他人的喜爱。

另外，在求人办事的时候，女人对别人的要求不要过高，总是要别人做到什么地步，否则就觉得对方不够意思的做法是不可取的。也就是说，求人办事要知足，别人能办多少就办多少，不要勉强。而对于别人哪怕是微不足道的帮助，我们也应该心存感激。不要像有些女人，做什么事都只从自己的利益出发，根本不在乎别人有什么困难，一旦自己有事相求，就要求别人非答应她不可。

比如，你想要朋友跟你一起去参加某项活动，朋友表示出犹豫。这时，如果你再强行拉他与你同去，就会使朋友感到左右为难。如果他已有活动安排不便改变就更难堪了，对你的所求，若答应则打乱自己的计划；若拒绝又在情面上过意不去。或许他表现出乐意而为，但心中就有几分不快，认为你太霸道，不讲道理。所以，你对朋友有所求时，应该采取商量的口吻讲话，尽量在朋友方便或情愿的前提下提出所求。

在办事的时候，有些女人并不知道，人与人之间的交往应该以自然为宜。双方都觉得没有压力，这才是人际交往的理想境界。提出让别人为难的要求，说明你对别人的期望过高，这本身就是一种压力。会办事的女人明白，每个人都不是万能的，能力都有限，提出他人能力所不能及的要求，是对他人的伤害。

记住对方的名字

有人曾说："记住人家的名字，而且很轻易地叫出来，等于给人一个美妙而有效的赞美。因为我很早就发现，人们对自己的姓名看得惊人的重要。"会办事的女人明白，记住对方的名字是一种简单、明显、重要的获得好感的方法，这样会使对方感觉到自己很重要。

高中毕业的赵欣雨，在社会上闯荡了 10 年，如今已是一家公司的经理。她成功的秘诀在哪里呢？原来，她有记住别人名字的本领。这完全得归功于她做一家公司推销员时的经历，因为在那几年里她学会了一套记住别人名字的方法。

她每当新认识一个人时，就问清楚他的全名、家里的人口以及干什么行业、住在哪里等。她把这些牢牢地记在脑海里。即使两年以后，她

还是能够拍拍别人的肩膀，询问她丈夫和孩子的情况。

会办事的女人会注意聆听对方的名字，并记于心间，这样在办事的时候，才会顺利。因为名字是一个人的记号，代表着一个人的一切。在西方，一名政治家要学习的第一课是：记住选民的名字就是政治才能。因为对于一个人来说，名字是所有语言中突出、动听的声音，清清楚楚地把它叫出来，就是对他人的赞美，就会获得他人的好感。

受欢迎的女人，之所以能够在第一次见面时就叫出对方的名字，是因为她预先下了别的女人不肯下的工夫罢了！她们通常反复辨认对方的照片，印入自己的脑子里，所以与对方相见时能一见如故，不待提问就能叫出对方的名字。其实，这并不困难。

如果在这之前，你并没有对方的照片，那不妨细细辨认一下，他的身上到底有何特征。比如，有的女人双眼会炯炯有神，有的女人有可爱的酒窝等，都是其明显的特征。有的女人的特征还不止一种，你把她的特征作为新奇的事情看，再与她的姓名联系在一起，如此反复辨认，自然不会忘记了。当然，你不要为了记住对方的名字，死盯着对方看，这是不礼貌的。在辨认时，态度必须自然，不要露出正在辨认的神情。看准目标，仔细端详，实在有失体统，尤其是对女性，这些动作就更不妥了。

女人在办事的时候，记牢对方的姓名，就能使对方对你产生良好的印象。有时因为地位的关系，你原本该先招呼他，但如果记不清他的姓名，无法招呼他，会被误认为是目中无人。所以，聪明的女人要熟记对方的姓名，在任何时间，这都是件不能疏忽的事。尤其是做生意的女人，敲开对方心中紧闭的"大门"的最简单的方法就是记住对方的名字。

"早安，您是……"女推销员在微笑着说话的同时，友善地伸出手来。这样一来，女秘书也不好意思不报出自己的名字来。

"杰克，我是杰克太太。"女秘书同样跟女推销员握手，"我有什么可以效劳的吗?"

"是啊，您一定能帮得上忙，杰克太太。"年轻的女推销员重复了女秘书的名字，轻快地说道，"柏德公司刚刚派我接管这个地区的业务，我想勤快一些，亲自拜访所有顾客。虽然今天早上我没有先约好时间，但是，如果您能让穆斯先生抽出一点时间来，我保证不会逗留太久，不会耽误穆斯先生其他事情。"

这位年轻的女推销员的高明之处在于她能重复说出对方的名字，强调对方名字的重要性，以很微妙的手法，让杰克太太负起责任，这样事情就很容易办成了。可见，不论女人是在生意场合还是在私人场合，都要注意听人介绍自己的名字，这样可以增加你成功的机会。别忘了，首先要做到的是听。

乐于同别人分享

俗话说："有福同享，有难同当。"懂得分享的女人，最具人情味，往往可以获得更多人脉。因为朋友愿意与她在一起，她的人脉就越丰富，成功的机会自然也就越多。

黄依依毕业时的第一份工作是在一家企业做销售。新员工的一项工作是协助主管整理标书，其中有很多东西需要自己去理解、消化。黄依依却觉得这项工作简单，根本没有什么技术含量，所以就草率行事，很多时候，她把难题抛给了另外几个同事，她也因此丧失了好多与别人分享心得的机会，当然也学不到其他人的经验。让人气恼的是，她竟然还把功劳归自己所有。

不久，销售部进行考核，要求她们分组合作完成一个项目，其中涉

及的内容，竟然都是她们所整理的标书。由于黄依依对这方面内容了解很少，加之其喜欢"吃独食"，几乎没有人愿意和她一起组成小组。最后，她所在的小组让她完成的还是最简单的工作内容，看着其他同事顺利过关，并开始独立负责项目，而自己依然做着自己认为没有技术含量的整理工作，黄依依后悔不已。在竞争中，因为她不懂得分享，所以输在了职场的起跑线上。如果她当时能够认真对待，不仅会赢得同事的信任，同时也会在竞争中得到双赢。

有哪一个成功女人敢说自己的成功完全靠自己，没有别人一丝一毫的功劳呢？你拥有的越多，你可以与别人分享的就越多。事实上，如果你得到了自己想要的一切，并且同别人一起分享你成功的经验，使他们与你一同获得成功，那么他们也乐意给你提供帮助。

许多女人是有名的"生意精"，她们明白，赚钱机会非常多，一个人无法把所有的钱赚走，于是就学会了分享。她们信奉"有钱大家一起赚"的信条，并认为不让人赚钱的生意人，不是好生意人，也绝对不会得到真正的朋友，因为真正的朋友总是肯为对方考虑的。在商业社会，做生意总要有伙伴、有帮手、有朋友。你照顾了别人的利益，实际上也就是照顾了自己的利益。

特别是对于有多年职场经验的女性来说，故步自封，不愿和任何人分享，这样也是很危险的。工作中一意孤行，未免会让人觉得刚愎自用。纵使你有雷厉风行的工作作风，可是若不经常与人交流，互通有无，总有一天，你会发现自己已被别人划入了落伍的行列。

对于那些刚进入职场的女性来说，更不应该高高在上或盲目与他人竞争，应该努力学会和他人分享，因为盲目竞争很可能导致两败俱伤，不要等到这样的后果发生后才追悔莫及。初出茅庐的女性朋友们，要收起争名逐利的竞争之心，多为对方奉献，这样才能收获双赢。

还有一些在职场中拼搏的女人们，目光狭隘，总有自私自利的小我竞争意识，这样只会让自己局限于原地踏步或者后退的状态里。何不做一个懂得分享，与同事同舟共济的职业女性？只有在竞争中求合作，在分享中求发展，才能更好地体现女性自身的价值。

会办事的女人享受成果的时候，从不抱着"吃独食"的心态。她们明白这只会引起他人的反感，从而为下一次合作带来障碍。

刘华芝女士很有精力，她是一家出版社的编辑，并担任下属的一个杂志的主编。平时，她在单位里上上下下的关系都不错。有一次，她主编的杂志在评选中获了大奖，她感到十分荣耀，逢人便提自己的努力，对别人的辛苦视而不见。同事们也都向她祝贺。但过了个把月，她却失去了往日的笑容。她发现单位同事，包括她的上司和下属，似乎都在有意无意地和她过意不去，并回避着她。

这是刘华芝女士不懂得分享劳动成果的结果。实际上，这份杂志之所以能得奖，主编的贡献当然很大，但这也离不了其他人的努力，他们当然也应分享这份荣誉。而这位主编"独享荣耀"，当然会使别人不舒服，尤其是她的上司，更会因此而产生一种不安全感，害怕失去权力。

一个懂得分享的女人，往往不会遭受如此待遇。她们的生命就像活水一样，丰沛而充满活力，会让自己身上有一种特殊的吸引力。此外，在这个世界上，有些东西是越分享越多的，更重要的是，你的分享将会使更多人愿意与你在一起。会办事的女人明白，生活是需要伙伴的，有人分享快乐和痛苦的人生才是完整的人生。分享并不意味着失去。

以聆听的态度关注对方

美国一位作家说过："倾听就意味着对别人的话持一种精神饱满和感兴趣的态度。你应像一座礼堂那样倾听，在那里，每一个声音都更饱满、更丰富地返回。"女人在办事的时候，倾听是对别人的尊重和关

注。专心地听别人讲话，是你所能给予别人的最有效的，也是最好的恭维。一个善于倾听的女人无论走到哪里，都会受到欢迎，而一个不善于倾听的女人则可能到处碰壁。

周韵是一家杂志社的女主编，但她无论在工作中还是在生活里，每次开口，必被人疏远。为了改变现状，周韵参加了一个有关口才和人际关系方面的成功素质训练。参加之后她发现，自己过去之所以不受人欢迎，不是她说得不好，而是说得太多。周韵不愿倾听他人说话，生怕自己处于下风。周韵的性格弱点在于，她总认为别人应该认可她、理解她，肯定她的才干，却顾不上去理解别人、承认别人。

周韵说很庆幸参加了这次训练，并决定按训练课的要求，在交谈中多让别人说话，让对方感到自己很重要。除非别人主动邀请，她一般不再谈自己了，而是试着运用倾听技巧。其实在刚开始时，周韵很不习惯，只好强迫自己按课程要求去做。慢慢地，她发现了倾听的益处，并且也渐渐掌握了一些倾听的技巧，这对她来说鼓舞不小。之后，每当她发现有人在谈论什么时，便不声不响地凑过去，认真听，并力争融入他们的话题。

有时候，周韵通过一些容易回答的问题来引起他们谈话的兴趣。她惊讶地发现，她周围的同事们果真改变了对她的态度。他们慢慢喜欢和她交谈了。其实，在交谈时，尽可能让别人谈他们感兴趣的话题，这是在鼓励对方讲话。

后来，周韵感慨万分地说："我感到'倾听'真是有用，它给我的帮助太大了。它既使我赢得了人缘，又使我赢得了更多的业务和金钱。"

周韵放弃了自己为主角的倾诉，专心聆听对方述说，从而给自己赢得了好的人缘。像周韵这样的聪明女性多懂得放低姿态、虚心学习、冷静处事，更多的时候是做一个好的倾听者。这样的交际方式往往使她们得到了比别人更多的锻炼和升迁机会。

可见，倾听不仅是最高规格的赞美，更是最有效的赞美，是每一个女人都应该学会的成功的处世技巧。因为每个人都认为自己的声音是最重要的、最动听的，并且每个人都有迫不及待表达自己想法的愿望。可是很多女人通常不能理解这一点，也做不到这一点。只有懂得赞美真谛的女人，在与人交往的过程中，才知道倾听的重要性。

当然倾听的好处还有很多，首先，倾听可以解除他人的压力。当一个人有了心理负担和心理疾病的时候，总是愿意把自己心中的烦恼向一个好的倾听者诉说，以寻求解脱的办法。而在这时，倾听者对倾诉方表示出体谅的心情，比如适当地插入"我理解你的心情，要是我，我也会这样"之类的话语，这样一来，对方会感到你对他的心情是理解的，你们的交谈就能够融洽地进行，你的劝告也容易生效。

其次，注意倾听别人讲话会给人留下非常良好的印象。在小说《傲慢与偏见》中，丽萃在一次茶会上专注地听着一位刚刚从非洲旅行回来的男士讲在非洲的所见所闻，几乎没有说什么话，但分手时那位绅士却对别人说，丽萃是个多么善于言谈的姑娘。

此外，倾听是一个信息收集的过程，它可以让我们学到更多的东西，更好地了解人和事，这样积累起来的丰富的知识可以使自己变得更聪明。虽然网络、电视、报纸、杂志等媒体已经成为人们了解信息的重要途径，但会受到时效的限制。而倾听却可以不受时限，迅速获得最新的信息。人们在交谈中会有很多有价值的消息，虽然有时常常是说话人一时的灵感，对听者来说却有一定的启发。实际上对某事的评论、玩笑、交换的意见、交流的信息以及需求消息等，都有可能是最具时效的消息，这些消息不积极倾听是不可能抓住的。所以说，一个随时都在认真倾听他人讲话的人，在与别人的闲谈之中就可能很快成为一个"信息的富翁"。

特别是对刚出校门的女人来说，办事切勿急躁，应该多看多听少开口。虽然你满腹经纶，却容易犯过分信任书本的错误，从而忽略了现实社会的特殊性，进而产生和社会格格不入的感觉。因此，你应该立即学习现实社会的特殊性。你只有虚心求教，专心聆听别人，才会积少成

多。这样，遭遇的挫折，自然就会减少，你的朝气才会得以保持。

懂得倾听的女人，不仅容易交到朋友，也容易了解真相，充实自己。倾听的时候必须有"爱与接纳"的态度，抛开自我意识，除去心中偏见或成见，以"同情心"体会讲话者的心情、用词、表情，这样才能抓住对方内心深处的难题。

在电话中展现你的亲和力

会办事的女人，在打电话的时候，会用自己的声调和友好的微笑来表达自己的亲和力。如果你的声调充满笑意，会给对方温暖感，对方会觉得你已经把友好与真诚灌进你打电话的声音中去了。

现在最好的电话也还不能够把你的"原声"传递给对方。因此，你在电话中谈话时，不能完全根据平时说话的习惯来讲话。你要有一种特殊的适合于打电话的节奏与速度，你的音量也要加以调整，太轻或太重都会使对方听不清楚。即使我们在打电话时，真的是很诚恳、很热情地在微笑着说话，可是对方从电话中听到的声音也许是平淡的、呆板的，甚至是不愉快的。

一般来说，女人的嘴要正对着话筒，咬字要清楚，一个字一个字地说。数目、时间、日期、地点等，要特别注意，最好能重复一遍，并且确知对方已经完全听清楚了。

此外，你在电话中谈话时要尽可能简短，因为电话只能同时容两个人谈话，如果你跟这个朋友谈得太久，可能另一个朋友就无法联系你，甚至会误了一件重要的事情。所以，只有在必要的时候才打电话，在打电话的时候，只讲重要的事情，这也是我们应该注意的要点。

有些女人在打电话的时候表现不出自己的亲和力，平时对人还不错，可是一打电话声调就机械、单调，甚至粗声恶气，像吵架一样，让人听起来很不愉快。这是因为她没有充分表现出亲和力，不能像双方面对面谈话那般亲切、有礼。可见，女人打电话大有讲究，可以说是一门学问、一门艺术。下面几点需要借鉴。

1. 第一声很重要

当女人们打电话给某单位时，若一接通，就能使对方听到亲切、优美的招呼声，那对方的心里一定会很愉快，双方的对话也能顺利展开。同样是说"你好，这里是××公司"，但声音清晰、悦耳，吐字清楚与否，给对方留下的印象是完全不一样的。

2. 带着喜悦的心情

这样即使对方看不见你，也会被你欢快的语调所感染。况且，女人的面部表情会影响声音的变化，所以即使是在电话中，也要抱着"对方看着我"的心态去应对。

3. 注意"电话形象"

俗话说："言为心声，话如其人。"女人在打电话的时候，不仅要坚持用"您好"、"请"、"谢谢"，更重要的是控制语气、语调。通话时态度要谦恭，语气要热诚，音量要适中，快慢要适当，语言要简洁，尽量使声音甜美柔和，彬彬有礼，这样才能给对方以愉快、亲切，可以信任的感觉。特别是有关时间、地点要交代准确，使人感到亲切自然，切不可高声大喊，装腔作势或拿腔拿调、嗲声嗲气，更不能粗暴无礼。

4. 认真倾听

会办事的女人平时在电话机附近会备有电话号码簿、电话记录本和笔。接电话时应停止闲谈和其他工作，认真聆听发话人的谈话和要求，重要内容还要边听边记，并向对方复述一遍，以便校正。在通话中，应礼貌地呼应对方，适时地应声附和，不时地"嗯"、"哦"一两声，或说"是"、"好"、"对"之类的话语，让对方感到你是在认真倾听，不要默不做声，不要轻易打断对方的谈话。

5. 注意结束通话时的礼貌

临近通话结束，女人应礼貌道别，向发话人说一声"麻烦您了"，或道一声"再见"或"谢谢"，并恭候对方先放下话筒，不宜"越位"

抢先。挂电话时，应以双手轻放话筒，不要在未道"再见"的情况下，猛然"砰"的一声挂断电话。

6. 认真清楚地记录

女人要随时牢记 5W1H 技巧。所谓 5W1H 是指：When（何时）、Who（何人）、Where（何地）、What（何事）、Why（为什么）和 How（如何进行）。在工作中这些资料都是十分重要的。

聪明的女人会很好地利用电话展现自己的亲和力。尤其是在现代社会，每天有许多事情都要通过电话来商谈、询问、通知、解决。女人在电话中，可以认识许多人，这些人和你并没见面，或者见面很少，只因为在电话中接触得多了，因此一听到你的声音，就对你产生了某种印象。这种印象可能好，也可能不好。印象好，他自然就会跟你多谈几句，进而很顺利地解决问题。印象不好，也许三言两语就会结束。因此，虽然你面对着的只是个没有生命的设备，然而你必须能在想象中看见远方那个接电话的人，好像面对他那样。

第五章
甜言蜜语，用你的"嘴"
说动别人的"心"

　　会办事的女人在任何交际场合都能有说有笑，她们的赞美恰如其分，沁人心脾，让人不由自主地对她们心生亲近之感。在她们"甜言蜜语"的攻势下，对方很快会不自觉地臣服，当然，在办事的时候，她们总是能一帆风顺。

背后鞠躬，得人欢心

赞美的奥妙和魅力是无穷的，然而，最有效的赞美还是在背后赞美他人。会办事的女人在背后赞扬别人，能极大地表现出自己的胸怀和诚实，有事半功倍之效。

李莉在一家汽车经销商的服务部做经理助理。虽然刚工作没多久，但公司上上下下都对她很有好感，原因就在于她会说话。

最近，她听同事说有一位员工的工作每况愈下，但他是位老员工，这让李莉很是费了一番心思。李莉并没有直接向经理"告状"，指责他的工作没做好，而是跟和这位老员工走得最近的同事进行了一次谈心。

李莉是这样说的："王师傅是一位很棒的技工，在现在的这条生产线上工作也有好几年啦，修出来的车子也都很让顾客满意。事实上，有很多人都赞扬他的工作做得很好。你要向他学习。"

这位同事将这番话告诉了王师傅。王师傅内心十分愧疚，变得像以前那样认真、负责了。

一位著名的女交际家对颂扬和恭维曾有过出色而有益的见解：背后颂扬别人的优点，比当面恭维更为有效。这是一种至高的技巧，女人在背后颂扬人，在各种恭维的方法中，它是最使人高兴的。

设想一下，若有人告诉你，某人在背后说了许多关于你的好话，你能不高兴吗？这种赞美，如果是在你面前说给你听的，或许适得其反，让你感到那极可能是应酬话、恭维话，目的只在于安慰自己，很虚假，或者疑心对方是否出于真心。

但赞美的话要是通过第三者来传达，效果便会截然不同。此时，当事者必定认为那是认真的赞美，没有半点虚假，从而真诚接受，并对你感激不尽。

另外，有时候，正面的歌功颂德所产生的效果是很小的，甚至还会起到反作用。同时，上司可能下不了台，并认为这位职工不真诚。与其如此，倒不如在公司上司不在场时，大力地"吹捧一番"。而你说的这些好话，终有一天会传到上司耳中。

刘欣与同事们闲谈时，随意说了上司几句好话："梁经理这人真不错，处事比较公正，对我的帮助很大，能够为这样的人做事，真的很幸运。"这几句话很快就传到了梁经理的耳朵里，梁经理心里不由得有些欣慰和感激。而刘欣的形象，也在梁经理心里上升了。就连那些"传播者"在传达时，也忍不住对刘欣夸赞一番："这个女孩子心胸开阔、人格高尚，难得。"

说话也是一门艺术，因此，会办事的女人，不会随口就说，更不会在别人背后嚼舌，而是在背后赞美别人，讨人欢心。而赞美别人是你一定要学会的，因为每个人都喜欢听到他人赞美自己。学会发现对方身上的闪光点，这很重要。

赞美人要准，奉承手法要新

大文豪萧伯纳曾说过："每次有人吹捧我，我都头痛，因为他们捧得不够。"会办事的女人在赞美对方的时候，要独具慧眼，发现对方身上不易被发现的闪光点，这样的赞美才能收到奇效。

高茹与不少朋友的家人都相处得很好，其中与一位夫人的友谊更为

深厚。本来高茹只认识她的丈夫，那么怎么成了这位夫人的朋友呢？这要从她与这位夫人初次见面的那次宴会上随口说出的一句话讲起。

当时高茹被介绍给这位朋友的夫人，由于当时没有适当的话题，就顺口说了一句"你佩戴的这个坠子很少见，非常特别"，以掩饰当时的尴尬。实际上，这个坠子果然很特别，只有在巴黎才买得到，是夫人的心爱之物。高茹说的这句话，使夫人联想起有关坠子的种种往事，从此她们便成了好朋友。

会办事的女人知道，与其称赞一个人最大的优点，不如发现她最不显眼，甚至连她自己也未曾发现的优点。因为她最大的优点已成为她性格中的一部分，在任何人看来都已不足为奇了。如果经常称赞一个人这样的优点，可能会让这个人产生反感；而那些小小的优点，因为从未或很少有人发现，因此也就显得弥足珍贵。而你的发现与称赞为对方增添了一份对自己的认识，也增加了一次重新评估自己价值的机会。同时，你因这种不同凡响的观察力而给予对方奉承会很快获得对方的感激。

可见，赞美是件好事，但并非是一件简单的事。大多时候，我们送出去的赞美，都是不痛不痒的，效果并不十分明显，因为我们常常赞美一个人身上最容易捕捉到的闪光点。对此他都已经习惯了，不会产生特别的感觉。

比如，面对一个事业有成的女人，如果你赞美她有能力、有才干、有魄力，她顶多也就礼貌地笑笑。因为她几乎每天都听到类似的赞美，听多了也就没什么新鲜的感觉了，所以任凭你再怎么卖力地赞美，她也不会心生喜悦。但如果你发现她喜欢厨艺，没事的时候也会烧几个菜，若你对她说"真看不出来，你厨艺这么棒啊"，她一定会喜上眉梢，认为你是一个很有眼光的人。

特别是对于初次接触的人，会办事的女人在一番寒暄过后，会觉得身旁的一切都可以成为奉承的话题。可以对对方办公室的装潢设计赞叹一番，还可以具体地谈及一下桌上、地上或是窗台上的花卉或盆景等，如这些花卉和盆景造型如何新颖独特，颜色、亮度等如何搭配得当，甚至还可以对它们的摆放位置用"恰到好处，错落有致"一类的词语来形容一番。

事实上，世界上没有人对别人的赞美无动于衷，只不过有的女人会赞美他人，有的女人不会赞美而已。会办事的女人都明白，奉承对方的时候，不仅要情真意切，还要因人而异、合乎时宜。

给他一顶高帽子，并让他努力达标

男人都有着强烈的自尊心，女人对其的赞美如同他生命中的阳光。会办事的女人就会抓住男人的这个特点，恰到好处地赞美男人。这样在办事的时候，男人就会像被打了强心剂一样，高速运转，努力达标。

林勤勤在外企工作，月薪 7 000 多元，她丈夫所在的公司虽然也不错，但其工资却不及妻子。但无论是在自己的朋友面前还是在老公的朋友面前，林勤勤从不夸耀自己，总是力捧老公。她经常在别人面前夸丈夫电脑知识懂得多，英语说得一级棒。一次在和朋友聚会时，林勤勤很自豪地说："有时候，我工作用的电脑出了问题，打个电话，他就知道出了什么毛病，比我们公司的网管都厉害。"

在和丈夫一起去参加他的同学聚会时，林勤勤也不忘了把丈夫夸耀一番："有一次我们公司要我翻译一个法律文件，有些地方我怎么都翻译不好，他可好，拿到文件不到半个小时，就全都给翻译出来了，又快又好。"

一次丈夫的同事来家里做客，向林勤勤问道："听说你比你丈夫的工资要高啊！"林勤勤笑着说："高不了多少，其实还是我老公的能力更强。无论是日常生活中的电器修理，做菜做饭，还是体育运动，他真是什么都在行。对诗词歌赋、前沿科技也都很有兴趣，是一个知识渊博

的人。对人又真诚，嫁给他是我的福气。"一旁的丈夫听在耳里，美在心里。

不用妻子督促他学什么，他就自己决定报学习班充电。渐渐地，老公被上司提拔，薪水也逐渐增加。

女人靠宠，男人靠哄，这话说得一点也没错。没有一个男人不喜欢听到别人的赞美之词。女人一句赞赏的话或是一个鼓励的眼神，往往会使男人像加大了功率的马达一样高速运转。会办事的女人会送男人一顶合适的高帽，让他戴得舒适，而且会促使他努力达标。

几乎所有的男人听到女人诸如"你真是了不起"，"我为你感到骄傲"，"我能拥有你真是幸福"的赞美，都会心花怒放，高兴得跳起来。给男人"捧场"，是对他们的一种鼓励。面对他们的失误，赞扬也是一种策略，这样更能促使他们尽力去把事情做好。

林志的父亲开了一家建材公司，也许是受家庭因素的影响，林志在十几岁时就显露出了做生意方面的才干。每年暑假，他就会在父亲的公司打工，凭自己的能力挣工资。经过多年的努力，林志有了一番作为。

在他25岁的时候，就已经有了近100万元的积蓄。26岁时他娶了妻子张凤，并自己成立了一家公司。年纪轻轻的他就有了一番作为，林志开始得意起来，他把公司交给其他人负责，自己只在幕后做一些大的决定。

张凤见丈夫失去了以前的干劲，一点雄心壮志都没有，开始替他着急起来。一次，张凤对丈夫说："其实你的才华还没有完全施展出来，你可以有更广阔的发展空间。要知道已经有许多人正在赶超你，但我知道，如果你更加努力，他们都远不是你的对手。"

林志听了妻子的话后，第一次认真地重新审视了自己的人生价值、未来发展。他觉得自己真的不该这样志得意满地生活下去，他有更大的潜力可以开发出来。于是林志重新接管了公司，并考虑向其他领域发展。

面对男人的过错、退步，你的声色俱厉只会让他们对自己失去信心，丧失斗志，这样的话不会起到任何作用，而鼓励比打击更能让人产生动力。当你对丈夫不满意的时候，不要抱怨，要相信发自内心的赞美和激励是一个促使他改变的有效办法，能够使他发挥出最大的潜能，并走向成功。

人往往会有一种依照外界强加给自己的性格去发展的倾向。如果你总是抱怨男人的不是，他很可能就真的会一事无成。聪明的女人不会不厌其烦地数落男人的缺点，而是会发现他们的优点和长处，并不失时机地称赞、夸耀他们，而男人们也会慢慢向女人所期望的方向努力。

会办事的女人明白，想要男人成为一棵茁壮成长的参天大树，自己的赞扬就是使其枝繁叶茂的肥料。因为这类女人会把自己的丈夫当做自己的骄傲，而且还会让别人知道他是多么优秀，并在适合的时候，给他一顶舒适的高帽，让他自觉奋进。

赞美要诚恳而不虚伪

会办事的女人不仅会表现出女性可爱和温柔体贴的一面，还可以攻克固执、强大的对手，化百炼钢为绕指柔，但是，称赞的时候要表现出诚恳，不要让对方听到你一两句敷衍的话后，就马上觉得你很虚伪。

林巧巧到一位年轻的小公司老板那里去推销保险。进了办公室后，她便赞美年轻老板："您如此年轻，就做了老板，真了不起呀！能请教一下，您是多大开始工作的吗？"

"16岁。"

"16岁！天哪，太了不起了，在这个年龄，很多人还在父母面前撒

娇呢。那您什么时候开始当老板的呢?"

"两年前。"

"哇,才做了两年的老板就已经有如此气度了,一般人还真培养不出来。对了,你怎么这么早就出来工作了呢?"

"因为家里只有我和妹妹,家里穷,为了能让妹妹上学,我就出来干活了。"

"你妹妹也很了不起呀!你们都很了不起呀!"

就这样一问一赞,最后赞到了那位年轻老板的七大姑八大姨,越赞越远了。最后,这位老板本来已经打算买林巧巧的保险了,结果也不买了。

后来,林巧巧才知道,原来那天自己的赞美没完没了,本来刚开始时,他听到几句赞美后,心里很舒服,可是林巧巧说得太多了,搞得他由原来的高兴变得不胜其烦了。

就像食物一样,赞美的语言不必多,但一定要精、要准。虽然大家都喜欢被称赞,但是如果你用一连串的赞美"轰炸"对方,恐怕对方只有逃跑的愿望。

女人的赞美,要恰如其分、恰到好处,要让对方感到你的真诚,让对方觉得很舒服;但赞美得多了,会过犹不及,使得赞美没有新鲜感,让对方反感。

会办事的女人说得最多的话是赞美,但是,为了让对方感觉到你的诚恳,赞美也要讲究方法,言之无物的空洞的赞美还不如不赞美。赞美就像挠痒,要挠到对方的痒处,着眼小处,才能达到更好的效果。比如,如果你要赞美一位非常漂亮的女士,就要尽量避免对她美丽的容貌进行过多的赞美,因为她对这一点已经有绝对的自信,无须多言。但是,当你转而去称赞她的智慧、学识时,那么你的称赞一定会令她芳心大悦。

一天,化妆品推销高手李艾去服装商店找一个卖衣服的朋友,正巧有两个女孩在那里挑选衣服。一个烫着金色卷发，一个披着黑色直发。

金发女孩试穿了几件衣服，最后选中了一件。黑发女孩说："这件也不错。刚才你放下的那件衣服的扣子挺漂亮的。"金发女孩听了有点生气："那是什么破衣服，扣子难看死了。"

这时，李艾走了过去，面带笑容地对金发女孩说："这件衣服的领子很漂亮，衬得你像高贵的公主一样有气质，要是再配上一条项链，那简直完美极了。"金发女孩很高兴，因为她也是这么想的。黑发女孩在旁边选衣服，没有吭声。

李艾拿了一件衣服，对黑发女孩说："其实你可以试一下这件，它特别能衬托出你优美的身材。"黑发女孩也高兴起来了。

"当然，要是你们脸上的肤色再稍作护理，会显得更加优雅。"三人就开始聊起了美容化妆的话题，这是李艾最擅长和最希望的。当然，后来两人都成了她的忠实顾客。

想成为嘴甜的女人，要知道别人渴望被赞美的地方，最可能是他自身的亮点。善于找到对方的亮点，就成了赞美一个人的首要前提。

聪明而诚恳的女人对别人说一句赞美话，必定是把最深的欣赏情绪说出来。比如，"你的钢琴弹得太动听了，让我想念我的家乡了。"试想一下，听到这样的一句话，你会不被感动吗？当然，并不是每一个女人都能想出这样的表达方式，因为这需要想象力，更需要真诚的热情。但只要能够对别人做的事情有充分的诚意去欣赏，就会有这样的灵感了。

诚恳的赞美谁不爱听呢？在父母面前这样赞美，是孝顺；在男友或丈夫面前这样赞美，会让他们觉得你是他最体贴懂事的宝贝；在朋友面前这样赞美，会让他们觉得你是最珍贵难得的知己；在同事面前这样赞美，会让他们觉得你是善解人意的好同事。

另外，在感谢的时候，你还可以用赞美表达自己的真诚。比如，有人送你一只手机袋，说一句感谢话自然是必需的，但道谢的同时再加以对手机袋的称赞，则赠者必定更高兴。"这手机袋的设计真好，和我的

手机再合适不过了"，称赞中隐寓对方的选择得当，这样他听后一定更高兴，说不定下次还有另外一件东西送给你呢！

再比如，如果对方送给你东西，你的感谢语中还可以表达出自己的对其渴望已久了。"好极了，这本书我早就想买了，想不到你却送来了。"

另外，要记住，赞美是说给人听的，赞美物件时，必须与人挂上钩，如果你只是称赞东西有特色，是无法突出对人的赞赏的。要紧紧抓住对方的知识、能力和品位进行称赞。当我们到朋友家里做客时，看到客厅墙上有一幅山水画，我们往往会情不自禁地赞许道："这幅画真不错，给这客厅平添了几分神韵，显出了几分雅致，谁买的？眼力可真好！"也许，这句话只是我们不经意间随便说出来的，但我们的朋友会感到很欣慰。

在办事的时候，有些女人并不懂得真诚赞美对方的妙处，以为要一个人做好，只有鞭策他，或者不停地督促他才行。其实，她不明白人的本性之一就是喜欢无拘无束地做事情，你若在旁边督促他，他反觉得是侮辱，因为他不高兴受支配。相反，会办事的女人，会巧用真诚的赞美化腐朽为神奇，并受到他人的欢迎。

"马屁"该拍也要拍

在日常生活中，不少女人有一种偏见，那就是将那些善于说赞美话的女人一律称为"马屁精"，好像这样的女人人格多么低下，多么不屑于和其他女人相提并论似的。其实，这是对人际交往的一种误解。几乎每个人都爱听顺耳的赞美话，所以，女人"马屁"拍得好，办事就容易得多。

张薇薇上门去推销化妆品，女主人非常客气地拒绝了她："对不起，我现在没有钱，等我有钱了再买，你看可以吗？"

但细心的张薇薇看到了女主人怀里抱着的一条名贵的狗，知道"没有钱购买"只是她拒绝自己的一句托词。于是，她微笑着说："您这小狗真可爱，一看就知道是很名贵的狗。"

"没错呀！"

"那您一定在这个狗宝宝身上花了不少的钱和精力吧？"

"对呀，对呀。"女主人开始很高兴地为张薇薇介绍她为这条狗所花费的钱和精力。

张薇薇非常专心地听着女主人兴奋的介绍，在一个非常适当的时机，她插了话："那是肯定的，能够为名贵的狗花费足够的钱和精力的人，一定不是普通阶层。就像这些化妆品，价钱比较贵，所以也不是一般人可以使用得上的，只有那些高收入、高档次的女士，才享用得起。"女主人听后，很高兴地买下了一套化妆品。

在办事的时候，很多女人就是因为觉得"拍马屁"很难为情，而拒绝赞美别人。其实，只要你仔细观察就不难发现，周围的女人或多或少都在说着赞美别人的话，只不过是方式多样化而已。难道那些女人都是在"拍马屁"吗？就人际关系日益复杂的今天来说，多说赞美话绝对不是"拍马屁"，而是增进女人与别人之间情感的一条纽带。

人性的弱点是：即使明知对方讲的是赞美话，心中还是免不了会沾沾自喜。比如，当一个人听到女人们的赞美话时，他的心中总是非常高兴，脸上堆满笑容，口里连说："哪里，我没那么好"，"你真是很会讲话！"即使事后冷静地回想，明知对方所讲的是赞美话时，心中还是充满了喜悦！

但是，"拍马屁"不是随便说些轻率的赞美话就可以了，否则会让人产生不快的感觉，所以你要"拍"得得体。比如，你看到一位流着鼻涕而表情呆滞的小孩时，如果你对他的母亲说："你的小孩看起来好像很聪明！"对方的感受会如何呢，本来打算拍马屁，却变成了很大的

讽刺，得到了相反的效果。

因此，大凡懂得拍马之术的女人都知道拍马要讲究技巧，要控制好火候，要将强弱分寸拿捏得张弛有度、收发自如。拍轻了，挠不了痒痒；拍重了，太疼；拍得太露不行，拍得不是场合也不行。在办事的时候，真正懂得拍马屁真谛的女人，往往会从独特的着眼点出发，让对方如吃蜜糖一般开心。

当然，"拍马"的时候也要注意方法，"拍马"贵在自然，切忌用官话和套话。"马屁"要符合实际，让人听后就相信，愿意接受。但是，很多女人都认为：嘴甜就是多对别人说一些赞美的话，而且说得越多越好。但事实上，赞美也不能信口开河，如果有人对一位清洁工人进行这样的赞美："你真是一位成功人士呀！你具备非凡的气质，你是一位非常伟大的人！"这显然就是失度的赞美，对方也可能会认为你在挖苦他。

所以，不要轻易把夸张的溢美之词说出口，要知道"马屁"拍得适度才有效，尤其是习惯了嘴甜的女人们，下次再运用自己的巧嘴时，一定要掌握好尺度再开口。

比如你到一个朋友家做客，主人是一个养花高手，你就恭维他的花养得漂亮。主人是一位写作爱好者，你就要夸他的文字写得有灵气、有思想。

你赞美对方的劳动成果或心爱的宠物，让对方感觉到他是个很有用的人，这样其陶醉感会油然而生。这样的"拍马"要比虚伪的漂亮恭维话有用得多。

另外，女人"拍马"不宜太直接，可以采取旁敲侧击的方式。假如有位作家的诗写得很好，那么，你就可以说："听说你的诗发表在《读者》上了，我一向挺喜欢看这本杂志的，这本杂志的质量比较高。"如果你还能适时地诵上一两句，那么他一定会打心底喜欢上你。

其实，女性"拍马屁"并不是一个可耻的行为。我们不得不承认，在现实生活中，我们处处都离不开"拍马"，处处都在运用"拍马"来办事。

话要说得"软"，事要办得"硬"

聪明的女人说话办事有其独到的技巧，说得好自有其无穷的语言魅力。聪明的女人在说话办事的时候能尽可能地多说软话，把事办成。

聪明的女人懂得说软话，办硬事。说软话，指的是一种语言修养，也是一种做人的心态，女人说话时要和蔼可亲，不张扬，不张狂，嗓门儿大了不一定有理。办硬事，指的是有主见、有原则，女人在该办的事上要锲而不舍、想尽办法，"虽九死其犹未悔"。

林红是一位青年女干部，有一次她到广州出差，在街头的一个小摊位上买了几件小礼物，想回去送给亲朋好友。但付款时，林红突然发现刚刚还在身上的 100 元钱不见了。当时只有自己和摊主两人，显然这与摊主有关。但林红苦于没有抓住对方的把柄，当自己提及此事时，摊主翻脸说她诬陷人。

遇到这种情况，换作其他女人，可能会火冒三丈。但林红做领导有一段时间了，在解决问题上还是积累了一些方法。林红没有和对方来"硬"的，而是压低声音，悄悄地说："摊主，我一下子照顾了你百十来元的生意，你怎么能这样对待我呢？你在这个热闹街道摆摊，一个月的收入少不了要上千元，我想你是绝对看不上这一点钱的。再说，你们做生意的，信誉要紧啊！"

林红见摊主似有所动，又恳求道："人家托我买东西，100 元钱丢了我真没法交代，你就替我仔细找找吧，或许忙乱中掉到哪件小玩意里去了。我知道，你们个体户还是能体谅人的。"

摊主终于被林红说动了，于是就坡下驴，在一件陶瓷瓶中找出了100 元钱，不好意思地交还给林红。

说"软"话会让对方觉得他是在吃糖，心里甜甜的。林红的一番至情至理的说辞，不但使钱失而复得，而且还可能挽救了一个几乎沦为小偷的青年。可见，大赢家多是说话谦虚、话说得让人容易接受的人；而那些失败者多是有好话没好好说，语气、语调盛气凌人、刁蛮张狂，给人以讨厌与别人接触的感觉的人。

女人在有求于人的时候，总是说话谨慎，当对象是不易接近的人的时候，她们就会遇水搭桥、逢山开道，先用巧妙的言语弱化对方的强势，当开口相求的时候，自然就水到渠成了。

赵楠是一个穿梭于各个写字楼推销电脑清洁纸巾的女推销员。

"对不起，打扰一下。你们需要……"赵楠还没说完，专心工作的白领们就表示出了厌烦。"我们不需要你的产品，现在我们正忙着工作，麻烦你不要打扰我们的工作。另外，上班时间也不容许推销商品。"一位白领满脸不悦地对赵楠说道。

赵楠面带微笑、温和地说："不买也可以啊，让我给你试一下产品好吗？"这时，有两个白领抬起头看了她一眼，似有同情。

赵楠便拿出一包纸巾擦拭一台污垢已经积到一定厚度的电脑。她认真地擦拭着，动作十分娴熟。这两个白领更有些动心了，打算仔细看一下。其他白领也站了起来。结果，赵楠一连推销出了许多电脑清洁纸巾。

在搞不清对方葫芦里卖的是什么药，或者有些话不能直言时，会办事的女人就会投石问路、摸清底细。有时候为了使对方减轻敌意，放松警惕，就会先多说一些软话，继而办成"硬事"。这就是说软话、办硬事。聪明的女人们知道，谁都愿意与谦和者共事，因为表现谦和，就与周围的人有了良好的沟通基础，遇上不讲理的人，你就说软话，但原则不能变，这样软话就为你最后胜利赢得了公众的理解与支持，那你就成功了一半，也就是说既要谦虚谨慎、又得不屈不挠。

不会说软话的女人，往往不容易办成事，为什么呢？道理很简单，它必须以牺牲某些人暂时的利益为条件，而在这样的沟通中，人与人的尊严是很关键的。我们都说，人心是肉长的，其实也就是告诉你，人的弱点就在于需要互相尊重，那么我们为什么不主动和别人做好沟通呢？

因此，我们可以说任何成功都不是"说硬话"说出来的，或者是"办软事"办出来的，说硬话办软事的女人，终究是"硬"不起来的，而说软话办硬事的女人则能用软话赢得朋友，用"硬事"功成名就。

其实，会办事的女人所说的"软话"，不是指说话软绵绵的，而是一种能克刚的"柔"。办事要硬指的不是强硬的态度，而是一种锲而不舍的精神。所以，如果说软话能获得别人的好感和支持，为办事大开方便之门，又何乐而不为呢？

一句玩笑，助你营造轻松氛围

女人的幽默是非常可贵的，特别是在气氛非常紧张和严肃的场合，一句适当的玩笑话可以缓解紧张的气氛，好比打开了一道闸门，压力就此倾泻而出，换来的是融洽的气氛。会说话的女人会巧妙地用幽默改变人们的心情和处境，构建起特有的幽默氛围，巧妙得体地摆脱自己遇到的尴尬场景。

在社交中，人们希望出现令人愉悦的场面，幽默恰恰是活跃社交场合气氛的最佳"调料"。以下方法可帮助你成为社交场上的活跃人物。

1. 调侃对方

社交中，心无戒备、偏见，不带恶意的"攻击"，会使朋友、同事之间更加无拘无束。诙谐、调侃中的"君子风度"，最能活跃气氛。经验证明，朋友间也是如此，若心无芥蒂、毫无隔阂，开句玩笑，贬低对方一番，互相攻击几句，打几拳、给两脚，并不是坏事，反倒显得亲密无间。彼此毕恭毕敬未必就没有矛盾，而平日吵吵闹闹的夫妻可能会更

亲热。

2. 夸张赞美

这种方法会把人抬得极高，但没有虚伪、奉承之嫌的介绍，会立即使整个气氛变得异常活跃。

老朋友、新同事见面后，不免寒暄一番，这是个极好的活跃气氛的机会。借此发表一番"外交辞令"，把每个人的才能、成就、天赋、地位、特长等进行夸张式的炫耀与渲染，可使朋友们感到自己深深地为你所了解、所倾慕。尤其是女人利用这种方式把朋友推荐给第三者，谁也不会去计较其真实性，但你却张扬了朋友们最喜欢被张扬的内容。

3. 搞恶作剧

恶作剧具有出人意料的效果，它源于幽默，能引发欢笑。女人有分寸地取笑、调侃朋友并不是坏事，双方自由自在地嬉戏，超脱习惯，远离规则的界限，享受不受束缚的"自由"和解除规则的"轻松"，是极为惬意的乐事。人们在捧腹大笑之余，会深深地感谢那个聪明的快乐制造者。

4. 寓庄于谐

女人在社交中不需要过于庄重，自始至终保持庄重的态度就会使气氛显得紧张。寓庄于谐的交谈方式比较自由，在许多场合都可以使用。用风趣、诙谐的语言，同样可以表达较重要的内容。

5. 激发共鸣

朋友、同事相聚，最忌一个人唱独角戏，大家当听众。成功的社交应是众人畅所欲言，各自表现出最佳的才能，作出最精彩的表演。为达到这一目的，就必须寻找能引起大家最广泛共鸣的内容。有共同的感受，彼此间才可各抒己见，仁者见仁，智者见智，这样气氛才会热烈。所以，你若是社交活动的主持人，一定要把活动的内容同参加者的好恶、共同关心的话题、擅长的拿手好戏等因素联系起来，以免出现冷场的尴尬。

6. 贬抑自己

懂得运用自我贬低、自我解嘲这种战术的女性是最高明的。老练而自信的人往往会采取这种方式。贬抑会收到欲扬先抑、欲擒故纵的效果。众人将在哄笑声中重新把你抬得很高。自我贬抑既可活跃气氛，又能博得他人好感。

7. 制造漏洞

漏洞是悬念，是"包袱"，制造它，会使人格外关注你的所作所为，并精力集中、全神贯注地听你说话。待你抖开"包袱"之后，人们见是一场虚惊，都会付之一笑。

8. 提出荒谬的问题并巧妙应答

生活中，总是一本正经的人会给人古板、单调、乏味的感觉。交谈中，不时穿插一些朋友们意想不到的、貌似荒谬而实则极有意义的问题，是一种很好的活跃气氛的方法。也许有人会时常问你一些荒谬的问题，如果你直斥对方荒谬，或不屑一顾，不仅会破坏交谈气氛、人际关系，而且会被人认为是缺乏幽默感。

事实上，懂得幽默的女人容易亲近，在营造轻松气氛的时候，给别人一种温暖感。会办事的女人，会用自己睿智的内心世界吸引身边的人，使他们愿意向她靠拢。当然，在办事的时候，也很容易马到成功。

把着眼点放在对方得意的地方

聪明的女人在求人办事的时候，懂得从对方最关心的内容出发，把着眼点放在对方得意的地方，这样就能让对方感觉到自己受重视、受尊重。当然，这个角度一定要选得巧妙，不能让对方看出任何破绽。

袁世凯自从窃取了中华民国临时大总统的权力后，天天做着皇帝梦。

有一次他在大白天睡觉，一位侍婢正好端来参汤，准备等袁世凯醒后进补，谁知侍婢一不小心将玉碗打翻在地。侍婢自知闯了大祸，吓得

脸色苍白、浑身打战，因为这只玉碗是袁世凯在朝鲜王宫获得的稀世珍宝，过去连太后老佛爷他也不愿拿出来孝敬，现在竟被自己摔为碎片，这"弥天大罪"是无论如何也逃脱不了的。

正当她惶恐不安、唯思自尽之时，袁世凯被惊醒了，他一看见玉碗被打得粉碎，气得脸色发紫，大吼："今天俺非要你的命不可！"

侍婢灵机一动，连忙哭诉道："不是小人之过，有下情不敢上达。"

袁世凯骂道："你说，看你能编出什么鬼话！"

侍婢道："小人端着参汤进来时，看见床上躺着的不是大总统。"

袁世凯怒喝："你这个混账东西，床上不是俺，能是谁？"

侍婢故意大声哭道："小人不敢说，真的很怕人哪！"

袁世凯一下子爬起来道："你再不说，瞧俺杀了你！"

侍婢连忙下跪道："我说，床上……床上……床上躺着的是一条五爪大金龙！"

侍婢所言，正是袁世凯当前最关心之事，而且话一下子说到袁世凯心坎里去了。袁世凯一听，大喜过望，真的以为这是天意，自己是真龙转世，当皇帝的美梦可以实现了。想到此，一股喜流从心中涌起，他的怒气全消，喜不自禁地拿出一沓钞票为侍婢压惊。

从对方得意之处出发，是一种艺术、一种智慧，也是一种沟通方式。它是寻求不同职位、不同行业、不同经历的办事双方的利益共同点，是向对方发起的一种强有力的心理攻势。它可以让对方完全处于一种放松、愉快的状态之中，达到"俘获"对方的目的。当然，有时候你还可以跟他谈论他最感兴趣的、最珍爱的事物，进而拉近彼此之间的距离。

卖面包的小姑娘刘芸一直试着将面包卖到纽约某家饭店。在连续四年内，她经常打电话给饭店经理，并参加该经理的社交聚会，甚至在饭店订个房间，住在那里搞推销，结果都失败了。

刘芸在研究了为人处世之道后改变了策略，决定找到经理的"兴趣点"。她打听到经理是一家旅游协会的主席，于是不论在何处举行活动，她都必定出席，哪怕是跋涉千山万水。

刘芸再次见到经理时，就和她谈论她的"旅游者协会"，这一下子打开了经理的话匣子，她的反应异乎寻常，语调充满着激情、热忱，"旅游者协会"显然是她的"生命之焰"、精神支柱。经理在刘芸离开办公室之前，"卖"给了她一张协会的会员证。刘芸只字未谈面包销售之事。

几天以后，饭店的人主动打电话要刘芸送面包样品和价格单。四年努力未成，一朝交谈得手，全在于找到了对方的得意点。

女人在办事的时候，要迎合对方的兴趣，从对方得意的地方出发，这不是教你狡诈，不是坑蒙拐骗，而也是表达真诚的一种方式。它需要女人动一点脑筋，并具备较高的素质。

可见，在办事的时候，要想攻心，就要避免谈及对方不关心的话题。最好是从对方得意点出发，然后引出你的事来，那效果自然要好得多。

第六章
投资外貌和头脑为办事加分

　　女人身上所拥有的独特魅力和女人味，源自于女人外在美与内在美的结合。女人的贵、媚、雅、恬、慧、娴、俏等不同的风韵，不仅表现在一个女人的容颜、行为举止、穿衣风格、化妆技巧等方面，还体现在其修养、气质、思想上。

学点"美女经济学"

有人曾说过:"俊美的相貌是比任何介绍信都管用的推荐书。"爱美之心，人皆有之。美女能使别人赏心悦目，引发对方的喜爱之情。特别是在如今这个人人都想提高商品价值的时代，美貌也是一种竞争力，因为人们容易对美貌的人做出积极的反应。在办事的时候，美貌也增加了事情成功的筹码。

刘丽在一家国有企业任职，她的业务能力很强，而且人长得很漂亮，这为她成功办事加了不少分，所以，涨工资、晋升职称、疗养等机会，总少不了刘丽的。

刘丽就这样一直做到总经理助理。在一次谈判结束后，对方的老总邀请刘丽共进午餐。后来，他成了刘丽的先生。他说那天刘丽的漂亮让他感受到其特有的女性美，而谈判中他进一步发现了刘丽的沉着冷静、不卑不亢和优雅的举止、不凡的谈吐。这些足以让谈判顺利地进行，并获得双方所期望的结果。

漂亮的女人往往具有一定的优势，她们能得到异性倾慕的眼光和同性羡慕的眼光。在这个竞争激烈的社会，美貌也是一种生存法则。比如，两个学历、能力相同，但外表差异较大的女孩同时找工作，长相漂亮的女孩往往更容易找到工作。

因此，聪明的女人会很注意形象管理。女人的美丽三分是天生的，还有七分靠的是后天的修饰与保养。通常来说，只要努力，谁都可以成为人见人爱的美女。

其实，无论在哪一种文化中，美貌都是一种财富，令人向往。所以，有人用美女来推动经济的发展，并称之为美女经济。社会上各种选美活动此起彼伏，美丽的女人们频频出现在"形象代表"、"亲善大使"、"产品代言人"中。这个世界也总是给美女更多的机会。就算是为了这个机会，也要关心一下自己的外貌。要把自己打扮得漂漂亮亮的，每天都保持一种快乐舒适的精神面貌，不要让自己的形象被懒惰毁掉。相貌是天生的，美丽却可以通过后天的努力打扮出来。

只要懂得选择合体的服饰、适宜的化妆品、适合的发型，用外在的"七分打扮"来弥补自身的不足，并加上内心的善良、胸怀的宽广等个人魅力，你同样也能成为"十全十美"的靓丽女子！

那些生来不漂亮的女人，也可以通过外部的修饰，让自己变得漂亮，比如每天化点淡妆，注意搭配合身的衣服等。做个气质美人也比做个普通的女人受人欢迎。也许有些人错误地认为，缺乏内在美会影响外在美，但很多女人都是靠着外表的修饰装扮，逐渐找到了自己的内在美。

为美貌吃点苦也值得

美貌的办事效应，我们都领略到了。如果可以选择，相信每个女人都愿意自己生得漂亮一点。遗憾的是，相貌是天生的，天生丽质的美女毕竟只是少数。随着现代科学技术的发展，女人的外貌完全可以通过后天的努力来改变。所以，为了美貌，吃点小苦也值得。

李琴并没有期待整容手术可以改变她的人生。但她恨透了镜子中自己的国字脸。她用半年的努力赚来钱，做了一次整形手术。在几个月后，她自己感觉到，手术成功地让她变成了一个美女。原来，因为普通的外貌，她一直无法拓展人际关系，而如今她却认识很多新朋友，感受

到了和过去完全不同的体验。

只有在电影中才看到过的那些美女的特权，在现实生活中也确实存在着。现在，她可以和过去不敢奢望的好男人谈恋爱。对于面试，她一次也不会被刷下来。父母如今出席什么亲戚朋友的聚会，也都想带女儿一起去，而且她每次都能得到周围人的夸奖。她知道，父母也特别喜欢听到这样的话。现在，李琴做任何事情都比以前顺利多了。因此，她的自信心也得到了提升。

越来越多的人选择整容手术来改善自己的容貌。单是在美国，每年就有约100万人。尽管整容手术是疼痛的，但女人们仍想通过这种方式增加自信，改善自我形象，以便更好地释放魅力信号。

俗话说：三分长相，七分打扮。一般来讲，在报纸杂志、广告和电视上的"完美"图片上的许多明星，卸妆之后也是"普通人"。她们之所以能多年如一日地保持让人惊羡的美丽，是因为她们在背后为美丽付出了许多代价，吃了许多苦头。

伊能静刚生完孩子的时候体重是70千克，现在的体重是46千克，这对于很多生了孩子的女人来说都是难以做到的，但是伊能静做到了。

在产后恢复体型方面，伊能静也没什么特别的办法，唯一的办法就是在保养身体的基础上减肥，不能想吃什么就吃什么。她每次去超市只选低脂又美味的食物，如咖喱饭、意大利面，这些食物都只有两三百卡路里。还有，为了减肥，她也只选择吃高营养低热量的食物，比如清蒸鱼、凉拌青菜。当然，这种以减肥为重的保养也让她吃了不少的苦头！不过，效果是喜人的，她一周就瘦了5到6千克！现在的伊能静依然是一线明星，漂亮得耀眼！

再看看林青霞的产后瘦身计划。她规定自己一周称一次体重；每次吃饭，都只吃自己餐盘中的一半食物，另一半不吃；早餐吃一根香蕉，只含8卡路里的热量即可填饱肚子；想吃巧克力或冰淇淋的时候，就以喝水来代替；随身携带口香糖，饿了就吃一块，可以抑制食欲；拒绝白色食品，比如白糖、白色面包、白米、乳类制品等，以杜绝发胖机会；想吃零食，就用胡萝卜、青椒、小黄瓜、花椰菜以及芹菜替代；晚餐后坚决不吃任何东西。

女人应该充分享受上天赋予我们的美丽权利，为美貌吃点苦，精心营造自己，绽放出最美的一面。事实上，懂得生活情趣的女人，也懂得装扮自己，懂得利用香水、口红等化妆品美化自己。

美貌，其实也并不仅仅是想做给别人看。对自己用心的人，就会清楚地了解自己的长处并将其展现出来，这样才更容易获得自信。

当然，要保持一辈子的美丽也不是一件容易的事情，需要更多的诚心，需要付出更多的努力，甚至需要吃一点苦头。比如，不论多么疲倦也要搭配好第二天出门要穿的衣服，花一点时间化好更漂亮的妆容。比如，为了保持身材和健康，需要长期节制生活和饮食。这是一件困难的事情，因为年轻的她们总是热衷于狂欢，热衷于高脂肪的食物，热衷于晚上和一帮朋友去吃消夜。但是为了美丽，一定要管住自己。

穿一件好衣服出门办事

女人穿衣的品位在于细节。几乎每个女人都会因衣着而成为一个美丽的女人，但要真正地认识自己并读懂服装的语言就是一门精深的学问了。如果女人不懂得穿一件好衣服出门，几乎在任何场合都是一个败笔。

北京一家外贸公司招聘秘书，有个女大学毕业生前去面试。在去面试的路上，她不小心剐破了丝袜，右脚脚踝上出现了一个小洞，应聘单位的办公楼下正好有个商店在卖丝袜，但是这个女孩觉得破洞在脚踝上

不容易被发现，就直接走进了电梯。

让女孩意想不到的是，因为这个小洞，她给面试官留下了一个很差的印象，女孩没被应聘上。女孩面试的是秘书工作，这需要被面试者是耐心和细心的人，而一个对自己仪表不在乎的人，不可能对工作细心和有耐心。女孩知道后，后悔已来不及了。

现如今，女人越来越多讲究精致、讲究情趣。特别是以工作为舞台的新一代知识女性们，因个人品位、素质的不断提高以及工作上的需要，在不同场合更换不同服装已成为生活的一部分，这也是社会文明进步和女性越来越独立、自信的表现。

可见，良好的装束已成为现代人在工作时必不可少的一项内容，运用好则事半功倍，运用不好则可能影响整个大局。聪明的女人追赶潮流，喜欢时尚、扮靓，她们希望得到别人的赞赏，同时也让自己从中得到快乐。

俗话说："好马配好鞍。"女人穿衣服就一定要穿得得体、大方、性感、时髦。人们在评价一个人的时候，总是"由表及里"，所以我们必须先得把"表面工作"给做足了。如若不然，你穿得邋邋遢遢的，对方一看到表面往往就没有想深入的兴趣了。

对于有眼光的女人，每穿一件衣服都可谓是如虎添翼，能够充分地体现出自己迷人的身材。比如，约会、见面时，衣服则是人们对一个人第一影响的重要衡量标准。通过衣服体现品位，当然并不是说一定要穿名牌，就是一般商铺里的衣服，只要你有品位，懂得合理搭配穿出来的效果也绝对比那些没品位的穿名牌的人要好。最重要的是，要明白什么是高层次的品位。在平时要多买些时尚类的杂志，多逛一些品牌店，多看看电视，不断增强自己对美的敏感度和判断力，时间长了，品位自会不同。下面是几种常见的穿衣风格。

1. 艺术型风格

艺术型风格会显示出自己鲜明的个性，引人注目。拥有的高挑身材、分明的线条、立体的脸部轮廓的人比较适合这样的风格。这样的女人的性格比较大胆、有个性，与人较有距离感。

在配有夸张饰品的情况下，可以穿比较性感的衣服。比如，夸张的青果领，大褶皱的连衣裙，中间收腰、下摆很宽的上衣；枪驳衣领、大尖领、方领及双排扣也是很好的选择，但面料要有光泽感，各种呢料、丝绒、皮革和闪光面料，软硬适宜，避免锦纶面料。

穿这类衣服时要避免不经意透露出来的小孩化、小家子气。

2. 自然型风格

无论在工作，还是在日常生活中，穿这类衣服的女人总给人以活力、健康的印象。这类女性往往神态亲切，直线的身材颇有运动感，性格随和大方，在不刻意的修饰中表现着洒脱的魅力。

在不化妆的情况下，可以穿宽松的、不需要太多装饰的服装。但这样自然型的打扮需要有品位。要尽量表现出华丽、可爱的感觉。

3. 温柔型风格

这类人脸部轮廓柔美，五官精致，脸部量感较轻盈，身材圆润，呈曲线形，走起路来很优雅，给人以小家碧玉的感觉。优雅型女士，无论身材还是面部曲线，都给人以富有女人味的印象，因此，柔软的布料和曲线裁剪的服装都很适合她们。

4. 甜美型风格

这样穿衣的女孩子会显得比实际年龄年轻，这是因为她们拥有甜美的面部及可爱的身材。也只有那些轻盈柔美的少女服饰，才能把她们甜美可爱的魅力表现出来。

这样的服装款式一般都会添加甜美、可爱的元素，比如，女孩子喜欢的蕾丝花边等，一般用裙子作为搭配。

5. 性感型风格

这样的服装款式比较适合女人味十足、眼神妩媚、身材圆润的女人，会给人华丽、高贵、大气、夸张的感觉。

在配有华丽、醒目、夸张的饰物的情况下，面料要华丽、光泽感强、细腻，并具有曲线感强、夸张的女性化图案。宜选择较为饱和、华丽但不过于深暗的色彩。色彩搭配要类似，强调腰部和臀部曲线，贴身

而合体才能尽显这种人的妩媚性感。

另外，还要强调发型与服饰的协调。在比较庄重的场合，穿礼服时，可将头发缩在颈后，以显得端庄、高雅；如果穿 V 字领连衣裙，可将头发盘起；如果穿外露较多的连衣裙，可选择披肩发或束发；与西装相配时，发型也要梳得端庄、大方，不要过于蓬松。

恰到好处的打扮
也是为办事积累印象

每天早上化了妆再上班，其实是一种礼貌行为。恰当好处的化妆本来就是为了突出面部的优点，掩饰缺点。比如别人去你家之前，你总会把家里认真整理一番，给人以好印象。化妆其实也是这个道理。把自己最美的一面展现给别人，既是对别人的尊重，也给自己树立了一个良好的办事形象。

周菲天生长了一副可爱的面容，眼睛大、皮肤白。虽然北方的天气干燥多风，但周菲认为自己天生丽质，没必要化妆、保养，所以每天都是素面朝天，根本不使用任何防晒、补水的皮肤护理用品。有时候见朋友买来一大堆化妆品保养皮肤，周菲总是骄傲地表示，自己什么也不涂，照样皮肤好。

但随着年龄慢慢跨过 25 岁，周菲发现自己的 T 区不再像以前那样平滑，最可怕的是，鼻翼两侧的毛孔扩张加速，特别是夏天，出油更多了，鼻头、下巴还常长出难看的小红痘。看着镜子中的自己，周菲这下才开始着急了。

现在很多女人认为化妆是一种人工美，不够自然，所以更愿意素面朝天。其实，哪怕你有再好的皮肤，不化妆，仍然给人感觉缺少一种魅力。因为上班时，你要经常跟别人接触，当对方看到你那张没有任何修饰的脸时，很可能会认为你邋遢。

女人应该重视化妆，因为它可以保护你的皮肤。例如使用油性的化妆水，可以防止水分的蒸发及紫外线的直接照射，如果你必须时常与阳光接触，就更应该经常涂抹，这样才可以防止皮肤变黑及出现雀斑。类似这种保养，可以说是不胜枚举。天生丽质固然好，但如果再锦上添花一点，不就更动人了吗？

初出校门的刘竹原本没有化妆的习惯，在学校的时候，也只是让别人在自己的脸上学化妆。一直以来，她都坚信，容貌是爹妈给的，再怎么化妆都没用。直到毕业之后，她连续参加了五次面试都被淘汰了，才意识到这个问题。本以为自己的能力应该没问题，可是每次都会被比自己漂亮的女孩打败。心有怨气的她向好友诉苦："不就是长得好看吗？她们能有多大的能耐啊？这些以貌取人的家伙！"

朋友专程带来一大堆化妆品登门，对刘竹进行"改造"。折腾了两个小时后，看着镜中的自己，刘竹不禁感叹："这还是我吗？原来我也是个美女啊！"朋友笑着说："当然是你了。你呀，就是太不注意自己的形象了，所以才会被人家刷下去！"之后，朋友又向刘竹传授了一些化妆的小绝招，如怎么选择化妆品、怎么遮瑕、怎么补妆……整个上午，刘竹恶补了一堂化妆课。

这天下午，刘竹又去参加了一次面试。不知道为什么，这次的她格外自信，面试的结果可想而知，考官对她的表现十分满意，告诉她下周就来上班。

每个女人都有成为"画家"的潜质，她的脸是反复可用的"画布"，这幅"画"的水平如何，完全取决于她会不会化妆。化妆是一种积极的生活态度，谁会喜欢灰头土脸的女人呢？更何况，一张妆容精致的脸，也是尊重别人的表现。

第六章　投资外貌和头脑为办事加分

　　学化妆，首先一点就是学着通过化妆来改变脸形。人的脸型分为长形脸、圆形脸、方形脸、椭圆形脸、心形脸、三角形脸等。其中椭圆形脸是最理想的"美人脸"，就是俗称的"鹅蛋脸"。对于其他各种脸形，可以通过化妆来造成错觉，使脸形趋于完美。

　　长形脸的化妆线条应横向扩大，眉形要画成略长的缓和曲线，口红必须以很圆滑的线画得既有宽度又有长度，依据个人眼睛的形态画出不同的眼影，并向侧面推抹开，加上额头与下巴的阴影配合，无形中使人对脸形长度产生了错觉。

　　圆形脸的上眼线的眼尾略粗一些，高于眼轮廓并向外拉长，眼睛中部描画平直，下眼线强调外眼角，并向外延一些；胭脂涂于颧骨下陷部位，呈新月形从颧骨旁向斜上方拉长；眉头略压低一些，眉梢略上扬，呈微吊形。

　　三角形脸在化妆时应将下部宽角"削"去，把脸形变为椭圆状。眉毛不可太平直或太弯曲，宜保持自然状态；用较深色调的粉底在两腮部位涂抹、掩饰；腮红可由外眼角处开始向下抹涂，使脸上半部分拉宽一些。

　　心形脸的腮红应涂在颧骨最突出处，而后向上，向外揉开；粉底可用较深色调的涂在过宽的额头两侧，而用较浅的粉底涂抹在两腮及下巴处；眉毛应顺着眼部轮廓修成自然的眉形，眉尾不可上翘，眼睛的重点应该在眼角处。

　　一般来说，化妆的均衡感很重要。你可以借助腮红作适当的调整，使自己拥有健康红润的脸色，以免显得眼部或口红过于突出造成不自然的感觉。腮红的涂抹以薄、匀为宜，职业妆或淡妆中的腮红应涂在脸部自然发红的地方，涂抹的方向以肌肉移动的顺序为准则。

　　值得注意的是，女人在选择化妆品的时候，一定要选择适合自己皮肤和年龄的，营养太多的乳液会加重皮肤负担。

　　总之，女人无论何时何地都要有一张精致的脸，这样才能让对方感觉到你的美丽和高贵。在办事的时候，这是一张很好的"通行证"。

珠光宝气不是高贵

女人都有追求美丽的倾向，从开始向往公主般的礼遇开始，女人的一生都会一直处在一种对美丽的探索之中。有些女人为了让自身的美引起对方关注和欣赏，就希望用周身的珠光宝气来达到这个目的。

根据审美层次意识来讲，珠光宝气并不一定代表高贵。女人最吸引人的魅力是拥有自己的个性，不随波逐流，所以要在富有个性的审美中建立自尊与自信。

一位小有名气的作家，刚刚娶了一个年轻的太太。这天，丈夫要带妻子去参加一个高级宴会，因为是第一次参加这种活动，妻子兴奋得彻夜难眠，当晚就开始琢磨宴会的装扮。

宴会当日，妻子决定穿上最豪华的晚礼服，戴上最昂贵的首饰，化上最浓的妆。当装扮一新的妻子从房间里走出来的时候，作家惊讶地说："这是你吗？我都认不出来了。"

妻子沾沾自喜地说："那当然，这样才不会给你丢脸嘛。"

来到宴会现场，作家本应该是这次宴会的主角，他们夫妇的到来本应该得到大家欣赏的目光，但出乎意料的是，大家的目光全都盯着作家浓艳的妻子，并嘲笑她。甚至有人对她的着装窃窃私语："丈夫那么绅士，妻子怎么那么庸俗啊。""全身上下都离不开金银珠宝，还自以为很高贵呢。"听到这些，作家的脸红一阵，白一阵，尴尬极了。

一个女人可以不漂亮，可以不美丽，甚至可以没有多少气质，但是不能不懂何为品位，何为修养，更不能以为珠光宝气就代表尊贵。美丽的女人总是由内而外地散发出魅力的。

我们可以想象一下，如果一个女人容貌娇美却打扮得很粗俗，如满身的珠光宝气，浓艳的口红，夸张的烟熏妆，那么，她的个人形象一定会跌到最低点，令人反感。因为她有好的外表，却没有好的审美意识。所以，得体的衣着打扮是塑造形象不可或缺的因素。

要想成为一个在人际交往中受欢迎的女人，就要在衣着打扮中尽显良好个性和风格。当然，这种审美意识并不是先天的，有些人虽然生来没有这方面的天赋，但由于后天的努力，仍然可以表现出令人惊叹的高贵。

李菲菲家里的经济条件一直不好，所以可爱聪慧的她不能拥有漂亮的衣服、更多的化妆品。和其他同龄女孩比吃穿的昂贵，她是比不起的。于是她暗自发誓，一定要把自己培养成一个真正的淑女，让自己具有其他女孩都不具备的品质与气质，让这种别样的高贵引起大家的尊重和羡慕。

李菲菲虽然不能买高档时装，但自己编织的手艺却是一流的。因此，自己的服装虽不昂贵，却件件博得了众人的羡慕。自己的各种装饰品虽然不贵，却个个都成为其他女孩争相追逐的物品。看着大家羡慕的表情，李菲菲也很为自己的"时尚而不庸俗"感到自豪。

为了增强自己的知识修养，李菲菲还去图书馆办理了一张借书卡，每个月都去图书馆一次或两次。

也许，在李菲菲看来，珠光宝气是一种庸俗。她没有其他女孩那样的高价衣服和饰品，但是她用自己的修养和气质以及与众不同的审美观展现了自己的高贵。其实，女人的高贵气质，来自其桀骜不驯的内心，来自其知识的不断累积，而不是珠光宝气。最重要的是，女人的高贵气质，很大程度上取决于她是否拥有自信。一个自信的女人，她的言行举止之间自然会蕴涵着超乎常人的坚定、果敢等气质，而这恰恰是形成高贵气质的基础。

有些女人虽然容貌美丽，可是你却感觉不到她有任何吸引人的地方。有些女人姿色平平，却有着一股吸引人的魅力，让人觉得她美丽。这就是高贵气质的魔力。有高贵气质的女人走到哪里都能吸引大家的目光和注意，获得大家的肯定和赞许。

气质是无形的，它是一个人内在美的表现，是长久的美。无论你从事何种职业，处于哪个年龄，都要有属于自己独特的气质与修养。可是只有拥有丰富内涵、良好素质和修养的女人才可能拥有高贵的气质。没有良好的内在修养、胸无点墨的女人即使再美也会黯然失色，而许多相貌平平的女子，因为有了高贵气质的衬托，越发神采飞扬，楚楚动人。

有高贵气质的女人就像手中的一杯香茗，越品越觉得有味道。而高贵气质往往和好运相随，不俗的谈吐和举止本身就证明了你的品位和实力，再加上足够吸引人的魅力，这样的女人在办事的时候，又怎么会没有好运气呢？

如果一个女人只懂得每日浓妆艳抹，一身名牌，充其量人们只会承认她的阔绰，而决不会觉得她有修养。女人的修养不是来自外表，而是来自她的一言一行，来自她的礼貌，来自她的文雅。

特别是求别人办事的时候，没有人会喜欢一个打扮粗俗的女人。相反，高贵、有修养的女人，定会给人留下难以忘怀的印象。提升女人高贵气质的最好方法，就是一定要增长她的见识。增长见识的方法有很多，比如旅行、读书、学习一些才艺等。女人只有掌握的知识增长了、判断能力增强了，才能展现出高贵的品质。

可见，高贵是一种内在的气质，是需要提升精神层面的东西之后才能拥有的品质，而非珠光宝气。高贵的舞者，即便穿着朴素的舞衣，在社会的舞台上也能跳到人们的心里，勾起人们一种向往美好的情怀；蹩脚的舞者，尽管穿着极致华丽，也会丑态频出，令人反感！所以，做个真正高贵的女人吧！

搭配小饰物，为形象增加亮点

小饰物已成为女人一种美的时尚。它可以使人显得精神、协调、漂亮，具有时代的气息。如果小饰物运用得当，不仅能增添姿容之美，还会使你分外妩媚。当然，这样的女人会人见人爱。

美丽的女人想要在社交场合中为自己广结人缘，除了要注意服装的选择和搭配以外，还要根据情况搭配一些小饰物。一身得体的服装再搭配以不俗且小巧的饰物，无疑会给你的形象添分加彩。同时，注意饰物的搭配，在社交场合中，也是一种礼仪。从一般意义上讲，饰物包括戒指、耳环、项链、胸针等，那么，在实际应用中，应该如何使用这些小饰物呢？

1. 领针

它是专用于别在西式上装左侧领之上的饰物。虽然它是胸针的一个分支，但男女皆可选用。佩戴领针，数量以一枚为限。而且不宜与胸针、纪念章、奖章、企业徽记等同时使用。注意不要将其别在诸如右侧衣领、书包、围巾、裙摆、裤管等不恰当的位置上。

2. 珍珠

珍珠是一种最早为人所知而又无须雕琢的宝石之一。珍珠代表一种古典、润泽之美，颇具中国风味，与阴柔细腻的东方女性相配，传达出鲜活灵动的少妇韵致。

3. 翡翠

翡翠被中国人认为带有灵气，能避邪、护身和镇宅，给人富贵脱俗的感觉。古香古色的翡翠，最配中国的旗袍，静态的服装上面，流动着翡翠掩饰不住的华彩。

翡翠首饰的造型大多有浓重的民族风味。"保守"在此处造就了美感。朴拙更容易说明年代久远，历久弥香。

4. 胸针

它是别在胸前的饰物，多为女士所用。胸针的图案以花为主，所以它又被人叫做胸花。别胸针的位置比较讲究，也比较严格，一定要按规矩来，否则就会闹笑话。穿西装时，应别在左侧领上；穿无领上衣时，则应别在左侧胸前；发型偏左时，胸针应当居右；发型偏右时，胸针应当偏左。其具体高度，应在从上往下数的第一粒、第二粒纽扣之间。

5. 红宝石

娇艳、热烈的红宝石被世人赋予多种含义，爱情、权力、地位、尊贵，这一切都与红宝石结缘。它可以被制作成戒指、耳钉。

6. 项链

它是现代男女都比较喜欢的一种饰物。但一般情况下，男士所戴的项链不应外露。通常，所戴的项链以一条为宜。

项链从长度上来讲，可分为四类：短项链，约 40 厘米，适合搭配低领上装；中长项链，约 50 厘米，这是被人们广泛佩戴的一类；长项链，约 60 厘米，多为女士使用于社交场合；特长项链，70 厘米以上，多在隆重的社交场合佩戴，使用对象绝大多数为女性。

在佩戴项链时，应注意和自己的年龄及体型相协调：脖子细长的女士佩戴丝链，更显玲珑娇美；年龄较大的妇女，适合选用粗实成熟的马鞭链。

佩戴项链也应和所穿的衣服相协调：丝绸衣衫裙应佩戴精致、细巧的项链；单色或素色服装宜佩戴色泽鲜明的项链。

7. 钻石

珍贵的钻石有纯白无瑕的完美特质，带有钻石光芒的耳环、耳坠、手链、胸针、手镯、戒指，都象征着女人的富贵、典雅。如果结婚的时候佩戴，还有特殊的纪念意义。

8. 丝巾

将不同颜色，不同图案的丝巾以不同的方式打结，再配以适合的发型和衣着，但可变换出不同寻常的姿态，时而显得端庄秀丽，时而显得

娴静温柔。比如，有些丝巾可以随便乱围，而且一样保暖，对于喜欢流行又讨厌围巾的厚重感的人，最适合不过了。

9. 戒指

一般情况下，只戴在左手，以一枚为宜，有时候可以戴两枚，这种情况下，可戴在左手两个相邻的手指上，也可戴在两只手对应的手指上。

戒指的佩戴不仅是一种美的体现，还有着其他含义。它往往暗示佩戴者的婚姻和择偶状况：戴在中指上，表示已有了意中人；戴在无名指上，表示已订婚或结婚；戴在小手指上，则暗示自己是一位独身者；如果把戒指戴在食指上，则表示无偶或求婚。

10. 耳环

耳环是女性常用的装饰品。在耳上挂几个同心圆组成的耳环很俏美，但全是圆形又有腻人感，所以在鬓发上方随意夹两三个做头发才用的大夹，腻人感尽去，且别有一番风韵。但也不可忽视耳与脸的相映之美。

11. 手镯

多用于女士。手镯可以只戴一只，也可以同时戴上两只。戴一只时，通常应戴于左手；戴两只时，可以一只手戴一个，也可以都戴在左手上；戴三只手镯的情况比较罕见；不要在一只手上戴多只手镯。

12. 背包

一只轻便的运动款双肩背包是很好的辅助行李，不但可以塞进所有的随身物品，还能为你活力十足的形象加分。同时，通过背包的类型，别人往往能看出你的性格特点。

13. 挂件

挂件又被人叫做项链坠，在一般情况下，和项链同时使用。它的形状有很多，常见的有文字、动物、鸡心、元宝、十字、吉祥图案、艺术造型等。选择挂件时，要优先考虑它是否与项链般配，要让二者在整体上保持协调一致，不然，会显得不伦不类，这样还不如不戴。在正式场合，不要选用过分怪异的挂件，也不要同时使用两个或两个以上的挂件。

14. 手链

它佩戴于手腕上，与手镯不同的是，男女均可佩戴手链，但一只手上仅限戴一条手链。一般情况下，手链应戴在左手上。在一只手上戴多条手链，双手同时戴手链，手链与手镯同时佩戴，一般是不允许的。

15. 脚链

它是佩戴于脚踝部位的链状饰物，也是一种新兴的饰物，多为青年人所喜爱，主要适用于非正式场合。佩戴脚链，是用来引起别人对自己脚踝、小腿等相关部位的注意，以显示自己在此处的优点。脚链一般只戴一条，戴在哪一只脚踝上都可以。

如果你每天都更换小饰物，就可为你在外观上做些改变，比如，同一件大红色的 V 字领、七分袖针织上衣，配一条活泼的珠链就显得可爱，配一条华丽的项链就显得很正式，效果截然不同。如果你每天都在变化，往往能显得你在很用心地照顾自己的公众形象。别人就会认为你在精致地生活，并愿意与你亲近。

女人打扮要注意办事的场合

"人靠衣服，马靠鞍"，穿着打扮将在很大程度上充当起女人的"形象大使"，并表现出女人的气质。但是女人要注意在不同的办事场合，选择不同的装扮来修饰自己，并随场合而变化，体现出具有不同魅力的自己。

比如，在工作的场合，你穿着打扮很像学生，就会让别人感觉你还不想长大。当然，你如果穿夸张前卫的服饰，也会让人感觉你轻浮桀骜甚至是哗众取宠。同事会感觉你是所谓的"新新人类"，这样就会对日后工作产生不良影响。再比如，你在重要的场合，穿西装套裙和运动

鞋，就会显得很土，很不合时宜。

下面是几种常见场合的不适宜打扮。

1. 工作场合的时尚指甲

在工作场合过于时尚，就会引来异样的目光。

一位在银行工作的女职员刘玲玲发觉，尽管没人对她明说，她的同事似乎很注意她那长长的、精心修饰过的指甲。当她剪去长指甲后，又发现人们对她的态度迥然不同。不久，她就被选中参加一个高级主管人员的培训。

2. 出席高级酒会提着绒布包

在高贵的场合，女人要注重自己的每一个细节，尽量做到精致、华美。

一位高级女主管去参加一个商业酒会，她换上了一套准备好的西服套裙，然后携带日常上班用的绒布提包去饭店。到了酒会上她才发现，别的女士大都拎着羊皮手提包或缎面的小包，她的提包看上去与现场气氛不协调，这令她感觉浑身都不自然。

3. 面试场合的尴尬：套裙褶痕

面试是相当严肃的时刻，要面试的女人们应注意自己衣着打扮的细节。

一名刚毕业的女大学生准备参加招聘面试。她买了件新套裙，在面试当天才拆开。她并不在乎套裙上有褶痕，因为穿上外面的长外套就能挡住了。但是，没料到在面试过程中，主试者却让她把外套脱了随便一点。她当时就傻眼了，满脑子想的都是套裙上的褶痕。

4. 庆典仪式、正式宴会等庄重场合的不礼貌打扮

在庄重的场合，女人的着装要以庄重、高雅、整洁为基调。不可为显示自己的个性而失去分寸，穿夹克衫、牛仔裤等便装或者超短裙都是不礼貌的行为。还有一些细节问题，比如手不要随意插在裤兜里；不要当众解开衣扣或脱下上衣。在室内、室外遇有隆重仪式或迎送场合，也不应戴墨镜。如有眼疾需戴墨镜应向主人说明并致歉意。在与人握手、说话时，应将墨镜摘下。

5. 喜庆场合的不恰当装扮

出席一些生日庆典、结婚庆典、节日庆典及其他联欢晚会等喜庆场合时，在服饰选择上也要热烈一些，明快华丽一些，以与这些场合的气氛热烈、情绪昂扬、欢快喜庆的特点相应。

喜庆场合如聚会、游园等可以着各种便装，女性的服装则以轻松洒脱、色彩鲜艳的裙子、套装、旗袍为宜，也应适当化妆，戴一些美丽、飘逸的饰物。千万不要穿皱巴巴的衣裤。一般来说，除婚礼外，主人的穿着应以素雅为宜，不要太华丽、太暴露；出席婚礼的鞋子必须是黑色的。另外，出席婚礼时，穿着打扮不宜过于出众、耀眼，以免喧宾夺主，也不要打扮得过于怪异。

6. 悲哀场合

这种场合的气氛比较悲哀、肃穆，服装的颜色要以黑色或其他深色、素色为主，切忌穿红着绿，也不宜穿有花边、刺绣或飘带之类装饰物的服装，以免显得轻佻、不庄重。

服装的款式要尽量选择比较庄重、大众化一些的，不要穿各类新潮时髦、显得怪异和轻浮的服装，以免冲淡庄严肃穆的气氛。着丧服的原则是不露肌肤，所以不能穿大领圈、无袖的服装，以穿西服、套裙为宜。不宜过分打扮，不宜抹口红和戴装饰品。

在社会生活中，我们难免要应对不同的场合，这时就需要我们依据这些场合的特点来挑选合适的衣服，并做到规范着装，以达到和谐的效果。

巧用华尔街学习理念丰富自己

"华尔街学习理念"是一种先进的学习理念，它的产生打破了传统的学习模式和意识，建立了全新的学习概念，使女人们的学习发生了巨大的革命。

"华尔街学习理念"在顶尖的商业精英的聚集地形成并被作为21世纪学习的理想模式，而为美国著名的管理学家彼得·圣吉在其著作《第五次修炼》一书中大加宣扬。"华尔街学习理念"体现了21世纪学习的4个最本质的进步：工作与学习之间不再有界限、成才不必去正规学院、建立学习型组织以及学习新概念。这些都是成大事的女人积累才学资本所不可或缺的。

1. 在工作中不断学习

如果你从事知识性的工作，那么在工作的同时你也必须随时随地不断地学习，这样才能出色地完成这些知识性的工作。

在学生时代，可能学习的源头更多的来自书本，学习的主要内容往往是各种技能。但工作之后你更应该学习的则是处理好各种关系：生活和工作的关系，和领导的关系，和同事的关系，个人发展和工作的关系。同时要提高各种能力：独立处理工作事务的能力，协调各种复杂关系的能力，安排好自己时间的能力，遇到不平的事情如何调整自身心态的能力，和不同角色的人打交道的能力，保持自己良好身体状态及斗志的能力，而要在工作中提高这些能力和处理好这些关系，都不是靠读书就可以解决的。

所谓"吃一堑，长一智"，世上所有的经验，都是由"事情"积累而来的。所以，聪明女人要向你的老板学习，向你的同事学习，向你的客户学习，向面临的所有的事情学习。你要在工作中不断地学习，把所经历的每一件事情，都看做是一次极好的直接学习的机会。当你明白了这一点，你就会在面对事情的时候，有意识地从这些事中学习知识与技能，增长你的经验和智慧。

2. 成才不必去正规学院

终身学习已成为一种趋势，很多人都有机会到非学历的学院学习。有人曾写了一本书，书中对这个多数人都赞成的观点，做了非常适当的表达——教育的职责早先是属于教堂，然后转移到政府，如今则渐渐落在企业身上，因为最终必须负责训练知识性工作者的应是企业。

"天才少女"王小平是畅销书作家，被誉为"惊世才女"、"智慧女神"。《大成成功学》、《本领恐慌》、《第二次宣言》、《出发与智慧同行》都是她的畅销书，并已赢得各界读者的广泛赞誉，她本人也收到上万个读者热情的来信。她的著作《本领恐慌》在短时间内被上百家媒体争相报道，引起了强烈的社会反响。

她还构建了自己的思想体系，而且立志成为思想的实践家。她决心将之打造成为"人类先进思想的传播基地，天下大成智慧的整合中心"，和天下志同道合的朋友一起"引导人类实现大成，推动世界走向大同"。

15岁的她在高一时，在全班成绩第一的情况下，毅然放弃了人人向往的上大学的美好前程，而走上了自己的成才之路。她说："今天，我们并不缺少博士，而是缺少真正引领人类前进方向、未来方向的思想者。我愿做这样的思想者。"

著名科学家钱三强说："在人的一生中，在校学习是短暂的，而自学是永久的。我们的命运靠学习来造就，特别是靠自学来造就。"

西方目前流行着这样一条"知识折旧"定律："一年不学习，你所拥有的全部知识就会折旧80%。"任何一个人在学校求学阶段所获得的知识，不过是他一生所需的10%，甚至还不到10%，其他90%以上的知识则必须在离开学校之后的自学中不断获取。今天的时代已经成为终

身学习的时代。只有培养了自学能力，才能够真正实现终身学习，否则终身学习只能是一张永远不能兑付的空头支票。

如今知识性产品或知识性服务的供应商，一定要将学习包含在内，一旦进入数字经济体系里，你就不仅是位知识性工作者，而且也是一位知识性消费者，每个人都要对自己的课程表设计负担相当的责任。所以，聪明女人必须制订自己的终身学习计划，自动自发地学习，在工作中学习，并且通过教育渠道及训练，使自己在这个千变万化的经济体系中，永保盎然生气。

3. 建立学习型组织

彼得·圣吉认为学习型组织是："人们可以不断扩充自己的能力，以实现自己真正的梦想。在这里，人们可以培养又新又广阔的思考模式，共同的抱负有了挥洒的空间，也可以不断地学习如何与他人共同学习。"

女人在团队里可借网络化而获得更清晰的意识。正如主从式结构的电脑能将其所要整理的资料加以分类与整合一样，互联网的运作也可以将人类智慧加以分类与整合，进而建立起一种全新的组织意识形态。

女人在工作的时候，也会以网络为基础开展学习。这就是说组织型学习也可以延伸到小组以外，使得小组智慧进而转变为企业智慧。组织意识是组织型学习不可或缺的先决条件。

4. 学习新概念

目前网络上的学习课程门类众多，数量更是不断增加，更重要的是，通过信息高速公路就可以进入资料库，并取得人文类的资料。

信息高速公路点燃了新希望。新的信息科技促使信息与知识实现自由交流，大大地提升了教育及医疗保健上税金的使用价值。只要下定决心，将科技的效果发挥出来，教育机构就能达成自我改造。

多媒体使学习过程变得丰富多彩，并让几乎所有的女人都愿意接受这样的学习辅助。当然，学校的课程安排还可以更多地考虑和满足学生的需求和兴趣，也应当让信息更容易取得。多媒体教学的方法让教师们可以采用光盘的教学手法，这使教育提升到一个更高的层次，正如某报告所揭示："以粉笔和黑板当配备的教师和这些威力强大的多媒体显得格格不入。"你完全可以不离开教室，任何人都可以利用网络进入"电子图书馆"，或是来一趟虚拟实境之旅，走访博物馆及科学展。

总之，现今女人学习的途径和条件越来越多。对于想成大事的女人来说，这些知识的资本是相当重要的筹码。女人要利用"华尔街理念"催促自己抓住一切机会学习，这样在办事的时候，才能无往不利。

将终身学习当做一种习惯

孔子曰："学而不思则罔，思而不学则殆"。尤其是知识爆炸的今天，女人不得不更新知识。其实，不断学习、累积无形的资产是很重要的一件事。这往往就是精英和大众的区别。精英们要想和大众拉开距离，就只能再往上走，从"平常的大多数"中跳出来。

左丹 35 岁，拿到硕士学位之后，就在一所著名高校做大学讲师。工作几年来一直很顺利，学生很喜欢她，学校领导对她的业务水平也很满意。

直到一年前，学校采取竞争上岗制度，直接从社会上聘请优秀的大学讲师，很多没有学历、能力不过硬的老教师都被迫下岗了，一直生活在安逸中的左丹也意识到了危机。

一年来，虽然左丹工作上没有变动，但看着比自己更年轻、学历更高、能力更强的讲师活跃于学校中，左丹还是感到了前所未有的压力。当左丹发现一位新来三个月的讲师已经可以代替自己为学生讲课的时候，一种随时被淘汰的感觉油然而生。

经过一番思考，左丹办了停薪留职。她要到国外进修，她相信只有为自己充电才能让自己变得更强、更不可取代。对于左丹的决定，学校

方面也很支持，就这样，左丹去了英国。

三年后，留学归来的左丹不仅学到了更多的知识，也变得更自信了。回到学校后的半年时间里，就以无人可比的专业知识和教学能力荣升为系主任。

对于很多白领女性来说，消费和投资有很大一部分是用来充实和完善自己的。充实和完善自己，其目的是为了增强自己在事业上的打拼实力，让自己在公司的位置具有不可替代性。女人的睿智正是来自不断地学习、充实自己。

在同等条件下，文化程度相同的两个人，一个人勤奋好学，经历若干年的工作学习之后，成为具有某个方面专长的学者；而另外一个人则不思进取，逐渐变为一个平庸者。所以，学习对于一个人来说是至关重要的。然而，生存的压力、工作的激烈竞争和生活的拖累，使得职业女性用于"充电"的业余时间愈发珍贵。除了参加工作岗位上的各种培训之外，还要自学，不然就不能适应形势的需要。可见，人的一生离不了学习。

女人在一生的道路上都要不断努力地鞭策自己、提升自己，即便是某天取得某些成功，也依然应该坚持学习，只有一步一步地超越以往的自己，才能走向理想的生活。暂时取得的某一次成绩或者阶段性的成功都只是一时的，不断地使自己成长才能让你达到人生的最高点。

有一位著名律师曾说："我认为'成功'或者'胜利'这个词的定义是最大限度地发挥你的能力——包括你的体力、智力以及精神和感情的力量，而不论你做的是什么事情。如果做到了这一点，你就可以感到满足，我认为你便是个成功者了。"有太多的女人对成功有着偏颇的理解，致使自己的主观意识裹足不前。成功是什么？有些女人认为是金钱，有些女人认为是地位，有些女人认为是荣誉……所以有许多女人认为她们已经得到了所有的社会价值，并认为她们是社会的要人。因此，她们停止了发展，终止了学习，难道这是真正的成功吗？难道这就是人来到这个世界应当争取的全部东西吗？

会办事的女人都明白，成功的秘密就是不断学习，每天进步一小点，一个月就能进步一大点，一年过去就会进步很多，也许就会有质的飞跃。需注意的是，要在不断补充已有的专业知识的同时，学习更多更新的知识。当这种积累达到一定程度的时候，你会忽然发现自己看问题、想问题的角度也会随着发生变化，会更全面、更缜密。你应该知道，一颗小石头在平地上的时候，是感觉不到它有什么力量的，当把它放在一座很高的山上，然后再把这颗石头推下来的时候，你会发现这颗石头具有完全不同的"力量"。这就是不断学习的结果。

阅读各种书籍吧

古人云："腹有诗书气自华。"读书能使女人表现出与众不同的高雅气质。读书能修身养性，陶冶情操，提高人的思维能力，扩展人的学识视野，净化人的心灵。所以，女人要经常读书，使自己的性格、思想、涵养、素质、修养等都得到潜移默化的升华。

在现实生活中，仔细观察喜欢读书的女人，她们一般都是知书达理的。因为知书达理的女人，才懂得与人为善，才能博得其上司、同事及家人、朋友的认可，才能受到众人的欣赏和欢迎。一个喜欢读书的女人，她们的生活一般都比较充实，虽然有时也有那么一些女人的外在形象看起来欠佳，但是透过她们的外表看其内在，却能发现她们的内在相当成熟、稳重、自信、有内涵、有气质，并散发着一种迷人的魅力。

登上英格兰王位的简·格蕾女士年轻时，有一天坐在家中窗下沉迷地读着柏拉图对苏格拉底之死的美丽描述。她的父母亲都在花园里狩猎，猎狗的狂吠之声从开着的窗子里清晰地传进家中。一位来访者十分惊异地说："简·格蕾女士竟然不参加他们的游戏！"简·格蕾女士却

平静地说："我认为，他们在花园里的快乐不过是我在柏拉图那里所获得的快乐的影子罢了。"

一个女人如果经常性地读书学习，那么她不但有学识、有修养，而且还会有思想、有深度，会表现出一种高贵气质和娴静的仪态。因此说，聪明的女人不仅会借助化妆品和服饰装扮自己，同时会更注重其内在美对周围人的影响。

以扮演《大长今》而走红的女演员李英爱，就是一位喜爱读书，总是透着淡淡书香气质的清新淡雅的美丽女子。略施朱粉的姣美容貌加上后天学到的满腹学识，使李英爱具备了一种从容自若、沉默内敛的成熟个性。

李英爱在成为娱乐界的当红女星之后，仍然保持着读书的习惯。在拍戏过程中，只要有一点闲暇时间，她就躲到一个无人的角落，把随身携带的书拿出来，静静地读。她那入神的纤纤背影，让看到她的人都不忍心打扰她。

法国当代著名作家和戏剧家弗朗索瓦·萨冈曾满怀感激之情地回顾加缪的《反抗的人》一书对她的影响。在 14 岁时，萨冈亲眼目睹了一个与自己年龄相仿的小女孩的夭亡，她无法原谅上帝竟允许这件事发生，从此她不再信仰上帝，陷入了可怕的精神危机之中。

恰在这时，她读到了加缪的《反抗的人》，由此发现了一个新的精神世界。尽管没有上帝了，但是还有"人"，你可以不去信仰上帝，却必须信仰你自己，相信人类的天性，相信人类能够主宰自己的命运。她重新燃起希望，建立了新的信仰和精神世界。

她也由此意识到文学的神圣意义与崇高使命，并在日后坚定地选择了文学创作之路，决心以此帮助那些在人生之旅中迷惘、焦虑的人们，帮助他们飞越精神的荒原与樊篱。

读书能补天然之不足，甚至可以帮助你消除心理上的一些障碍，这就如同通过适当的运动可以矫治身体上的某些疾患一样。爱读书的女人，是美丽的女人。她们淡雅秀丽，有竹之清骨，梅之高洁，如莲花任脚下污泥无数，任耳边流言无穷，却纯洁依然；如空谷兰草绕开世俗的馥郁，隔绝百花丛艳丽的侵袭，以坦然的姿态悄然绽放在阳光下，向世间贡献美妙神奇之幽香。

对女人来说，世界上内外兼修的东西唯有书籍。书籍是女人永恒的朋友，它永远都在奉献，从不求回报，并始终不弃不离。爱读书的女人，很少无望地孤独惆怅，因为书是她们招之即来的永远不倦的朋友。爱读书的女人，很少怨天尤人、孤芳自赏，因为书让她们牢记她们只是沧海一粟。

做外在美和内在美完美结合的女人，就要好读书，读好书。在书中，体会为人处世的道理；在品书中，培养自己良好的道德和修养；在文字的熏陶中，悟出红尘万事的本质；在咬文嚼字中，酝酿出一种符合自身个性的涵养和气质。俗话说，书是治愚的药，书可以让女人变得精明聪慧，与众不同，一枝独秀。

宋佳是一个喜欢通过书本知识来解决所有问题的女人。当她和上司发生了小摩擦时，就会阅读有关人际关系的书；当她觉得生活枯燥乏味时，就会看小说；当她感觉体重超标时，就会阅读关于减肥的书。

当然，一开始并非这样，原先的她并没有阅读各类书籍的爱好。大学三年级时，宋佳参加了某公司的聚会活动，结果得到了很多"图书优惠券"，因此她购买了大量的书籍。后来她根据一本书中介绍的求职经验，在毕业前就找到了一份满意的工作。从此，她尝到了阅读的甜头，这些书籍帮她解决了很多生活上的烦恼事。无论是在社会上与人相处，还是提高业务能力，宋佳都能感觉自己总是走在别人的前面。

读书的女人可以与像列夫·托尔斯泰、罗曼·罗兰这样高尚的人交朋友。她们往往在不经意的瞬间，获得人生的充实和安宁，寻找到生命

的价值和真谛。

女人选择了书籍，拒绝了灯红酒绿的诱惑，把读书作为业余生活中最主要的项目，就会在宁静中体验人生，用知识和智慧塑造心灵，培养气质，发展技能。读书对于她们来说既是社会发展的要求，更是基于理性思考的自觉选择。

读书的女人，常常会把人生当做一本书来读，并从中体验到酸甜苦辣、喜怒哀乐。在生活中，她们或耕耘、或收获，或付出、或得到，或沉或浮，并将这些经历谱写成生命的恋歌。她们在渴望中寻求到一种与内心世界相吻合的情感碰撞。她们的内心深处往往藏着一种神往，激发出自己对生活的向往。

要想做一个有主见、有内涵的现代女性，读书仍然是必由之路。因为读书的女人都懂得：人生有风有雨，书是能遮挡风雨的伞；人生有山穷水尽时，书中有柳暗花明处；人生有险滩有暗礁，书便是明亮的灯塔。

做美丽、健康、时尚而智慧的女人，几乎不可避免成为每个女性渴望的幸福目标。而书是使人类从洪荒到启蒙的捷径，书是改变一个人有效的力量之一。成功女人一直相信，一个女人的气质、智慧，还有修养，都是和阅读大量的书分不开的。

知性、理性、感性三性合一

知性、理性、感性三性合一的女人的女性魅力和她的处事能力一样令人刮目相看，他们是自强、自立、自信的新时代女人。这样的女人有内涵，有主张，有灵性，而且"智勇双全"。她可以与魔鬼身材、轻盈体态相去甚远，但她懂得用智慧的头脑把自己打扮得精致而品位高尚。

做这样的女人其实并不难，如果你大力充电，增加学识，提高魅力，就可成为一个知性女人。独特的气质与才华是这样的女人在激烈的竞争中获胜的秘诀。

张曼玉可以说是优雅、知性的第一代言人。《花样年华》里的张曼玉，成为人们眼中不可替代的知性而优雅的女人。细细的柳叶眉、勾人的双眸、花瓣似的嘴唇、摇曳的身姿、美丽的旗袍，张曼玉的美是一种传统的古典美，含蓄而温婉、成熟而大方。

都说女人最怕岁月的折磨与煎熬，但张曼玉经过时间的洗礼、生活的沉淀、阅历的积累，反而渐渐褪去了昔日的稚嫩与无知，成为人们心目中风情万种的"知性女神"。

徐静蕾才貌双全，是知性女人的典范。平淡如菊的笑容、闪着智慧光芒的眼神、标致的小巧五官，作为中国影视的四小花旦之一的徐静蕾不仅仅拥有清秀的外表以及秀外慧中的气质，更重要的是，她拥有过人的才气，正因为如此，昔日的"玉女掌门人"才逐渐蜕变成为众多网友及观众眼中的"知性美女"。

徐静蕾的美，是一种知性的美，是一种由内而外的美。从《一场风花雪月的事》崭露头角，到自编自演《一个陌生女人的来信》，再到"老徐的博客"直升3 000万的点击率，这个清新自然、健康美丽的女人创造了一个又一个奇迹，成为当代年轻人公认的知性女星。

事实上，如果女人因过分感性而缺乏理性，就会显得不够聪明，这往往会使自己的魅力大打折扣。看起来有女人味的女人绝对都是有足够理性的，她们不完全让感情控制自己的行为。她们懂得爱自己，也懂得怎样控制过于波动的情绪，并使其趋于平静。

随着社会的发展和教育水平的日益提高，知性、理性、感性的女人越来越多，她们也总是显得气质非凡。知性女人通常都具有以下特点。

1. 自尊自爱

这样的女人练达、自信，会时刻倾听自己内心的声音；与人交往时大方得体，不卑不亢，不曲意逢迎或委曲求全，懂得善待自己。

2. 感情生活独立

这样的女人相信爱情、追求爱情，但是她们并不依赖爱情，她们懂

得享受爱情带来的快乐，但不会将自己的全部喜怒哀乐系于爱情之上。

3. 经济独立

知性女人大多受过良好的教育，因而是经济上相对独立的实体，她们拥有自己的工作或事业，有支持自己独立生活的条件。

4. 拥有自己的精神世界

知性女人会给自己留有空间，拥有完全属于自己的精神世界。她们会在闲暇的时候泡上一杯浓香咖啡，耳旁是旋律舒缓的古典音乐，躺在长椅上看自己想看的书；她们会在长假期间单独旅行，饱览自然美景。她们还会逛街、泡咖啡馆、看电影、收集自己喜欢的小饰物，花尽心思布置自己温馨或别致的小家。

5. 不断学习

知性女人是力求上进的一群人，知识作为她们生存、生活的基础和依靠，已经成为她们生活的一部分。她们认为一个知识与智慧、美貌与才情兼备的女人才会充满活力与信心，也才会成就一番大事。

6. 交友广泛

知性女人大多拥有属于自己的朋友圈子。她们乐于参加各种社交活动，以开阔眼界、学习新的知识、获得友谊的滋润。

感性让女人生命鲜活，理性让女人头脑清醒，知性让女人聪慧灵秀，唯有将这三者和谐地统一起来，女性才能在现代社会中生活得如鱼得水，美丽非凡，并最终成就自己。

女人要用智慧的
气质赢得办事的筹码

古人云："秀外而慧中。"智慧是气质不可缺少的养分，它把一个女人一点点地雕琢成一个富有持久魅力的女人。智慧能使女人把握自己，即使一个不经意的动作，也能吸引所有人的目光。

其实，这种高贵的与众不同的气质，并非指的是一定要出身豪门或者本身所处的地位非常显赫。它是一种心态上的高贵。这样的女人有着历尽人情世事的智慧，在办事的时候多会信心百倍，用自己的创新和聪颖使自己在这个处处充满竞争的社会中立于不败之地。

魏明帝时，卫尉卿阮伯玉的女儿嫁给高阳名士许允为妻。该女能诗善赋，才德兼备，但相貌奇丑。许允行完婚礼，进入洞房，才知道自己娶了丑妇，一气之下另居书房。家里人屡劝不听。

过了几天，阮女正在窗前读《史记》，忽听外面报说有相公的好友桓范来访。使女担心地说："老爷独居书房，视夫人如路人，太没道理。如果桓相公再言论夫人，恐怕老爷更不会进屋了。"阮女毫不介意地说："不用担心，桓相公不是那样的人，他一定会劝老爷进来看我的。"

桓范听了许允的诉苦，果然劝他说："阮家嫁女与你，自是对你有情意。听说阮女容貌虽丑，却很有才德，贤弟万不可因小疵而较大德。"许允无法，只好进了新房。

阮女见丈夫进来，万分欣喜，只见许允来到她身边后马上又沉着脸要走。她心里又气又痛，便向前拉住丈夫的衣襟，低头说道："你我既已成婚，就是百年夫妻，理应朝夕相处，相敬如宾。怎能长居外屋，刚来即走呢？"

许允见她竟然拉住自己的衣襟，更加厌恶，便生气地质问："古人云：德容工言，妇有四德，你具备了哪几德呢？"阮女从容地答道："新妇所缺，唯只容貌。其他女德、女工、女言皆无所缺；然而世上有百行，君具有几？"

许允傲然地说："百行皆备。"

阮女见他毫无谦逊之意，便正色地说："百行之中，以道德为首，你看人只看外表，好色不好德，第一行就不合格，能说是百行皆备吗？"

第六章 投资外貌和头脑为办事加分

阮女见丈夫有悔悟之意，心中暗喜，便请他入座，又叫使女摆酒取菜，与许允对饮。许允见夫人言语温柔，有德有才，也渐渐有了转意，当夜就宿房中，家里人方转忧为喜。

后来许允为吏部郎。魏明帝以为他结党营私，卖官枉法，命武士逮捕了许允。临行前，阮女镇静地对许允说："明主可以理夺，难以请求，这次面见皇上，只要讲明用人选官的道理，万不可一味哀求，那样反会引起皇上的不满，带来大祸。"许允默记于心，随武士去了。

魏明帝怒气冲冲地审问："先祖武帝一向任人唯贤，你送任同乡为官，结党营私，败坏朝纲，该当何罪？"

许允挺身答道："陛下曾说举荐官吏是国家大事，一定要举荐自己熟知的人。臣之同乡，都是臣所深知的贤人。春秋时，祁黄羊举贤不避仇人，不遗亲子。臣虽不才，怎敢忘先皇之训？请陛下派人考查臣所举荐的同乡是否称职。若不称职，臣甘愿领罪！"

魏明帝听许允说得有理，就派人去考查，经查属实，就恢复了他的职位。许允方知夫人有先见之明，愈加佩服夫人才德，再也不嫌她貌丑了。

可见，智慧对于女人来说不可或缺。女人的美丽只是表象，而女人的智慧却是一种内在的气质。从某一种角度来说，女人的这种气质，就是思维习惯、行为习惯与情绪习惯的综合，不同的习惯决定了不同的生活方式，不同的生活方式又决定了不同的人生，不同的人生决定了不同的品位。既有漂亮的外貌又有脱俗气质的女人无疑"回头率"最高，当然，在办事的时候，也会有更多的人争拥相助。

女人的这种智慧常常来自于女人的温柔。因为女人的温柔能给他人的心灵取暖。但并不是说，女人的这种温柔就是一种没有原则的爱。如果温柔泛滥，对方就会以为这是理所当然的，就会认为为你做不做这件事都无所谓，进而没有一点心理负担。

另外，女人的这种智慧还来自于女人的灵性。这就是说，一个女性如果全靠各种化妆品来装扮自己，其生命必定是空白的，甚至还会沦为花瓶。而内在的气质却可以延缓衰老并使人年轻，可以在他人心灵上留有印记。因此，那种自怨自艾、柔弱无助的女人，要学会自我拯救和自我完善，渴盼别人赐予你幸福永远是被动而不安全的，所以，在办事的时候，要多一点独立。

当然，女人的智慧还来自于乐观自信。这样，在办事的时候，对方背负的精神压力就比较小。进一步说，若能与一个乐观自信的女人共事，生活就永远不会失去希望，人生也将充满阳光。

其实，女人的这种智慧、这种气质是一种个性。每个人女人都有自己的气质，如同各种各样的花有自己的味道，只不过是，受到认可，受到欢迎，这种味道就被称之为"香"，反之只能是孤芳自赏了。聪明的女人不会盲目克隆别人的美，她们知道，气质隐藏在差异之中，只有不断地创新，才能拥有与众不同的韵味，成为一个让人欣赏的人。同时，聪明女人还会让这种气质体现为一种修养和内涵，在城市的喧嚣中，洗练出一种超凡脱俗的"宁"与"静"，使自己不仅仅是一幅雅致的画，更是一本耐人寻味、百读不厌的书，以此来面对生活中的坎坷，在处理事情的时候，会多一些让人悦目的内在美。

总之，在办事的时候，真正有气质的女人拥有智慧、见识、修养和能力等许多层面的内容。也就是说，女人必须具有一分柔情，二分优雅，三分浪漫，四分智慧。柔情来自于关爱，来自于善解人意；优雅来自于从容，来自于自信，来自于内秀外美的和谐统一；浪漫来自于纯真，来自于热忱，来自于骨子里的万种风情；智慧来自于阅读，来自于体悟，来自于对生活不倦的追求。

有品位的女人，人见人爱

古语云：闻香识女。有品位的女人，都是有味道的。有的是紫丁香一样的淡雅味，有的是白玫瑰一样的幽香味，有的是红牡丹一样的高贵

味。有品位的女人会用自己的仪容、谈吐、风度、修养、品格和才干把工作和生活中的人事关系处理得恰当、协调，让旁人如坐春风。

有品位的女人，会精心包装自己，她的衣服永远端庄、自然、得体。她的举手投足，都优雅大方，她的言笑关联着她的精神核心，不像品位索然或味同嚼蜡的女人，掩盖不住空洞和乏味。当然，这样的女人必须成熟睿智。但这需要不断地学习，增长学识，历练人格，培养气质。

周晓菲曾在读者文摘、得力制漆、福特汽车等公司工作，涉足财务、人力资源、公关、信息科技、法务及行政管理多个领域，擅长于企业诊断咨询、系统化领导管理人才的培养。她不甘于自己只在一个方面优秀，而是不断充实自己，逐渐成为全方位的人才。

周晓菲用了 6 年时间从中层主管做到最高层的主管，她说她能发展到今天主要是靠不断的努力和永不停步的学习。她不仅会把自己分内的工作做好，更会主动承担其他任务，以不断扩充自己的技能。

周晓菲说："我向来把公司的事业当自己的事业来做，这样我总能赢得主管的信任，因此我也得到更多的机会。比如我在做财务的时候，在把分内的事情都安排妥当后，就用多余的时间给其他同事讲讲课，结果大家觉得我很适合做 HR，老板就把 HR 的工作交给了我。而当我把 HR 的工作同样出色地完成时，老板又给了我更多的工作任务。这样我承担得越多，就会有越多的机会去尝试和成长，当然同时，也得到更多的认可。"

周晓菲从来不觉得身为女性就不必像男人那么努力，她像男性那样思考、行动，珍惜每一次机会，发展、充实自己。一个人对待工作和生活有怎样的态度，就会有怎样的收获。如今的她，优雅而干练，工作总是游刃有余，处处都能表现出自己的女人味，多了一份优雅和迷人的魅力。

像周晓菲这样聪明的女人，总是能通过不同的方式来提升自己。她们就像秋天里成熟的果实，像春天里的花朵，周身散发着婉约而持久的芳香。在瞬息万变的现代生活中，能真实地表现自己的感受，自己的思想，自己的好恶，不伪装，不造作，便多了一份属于自己的竞争力。

在生活中，有品位的女人，会立足于发展自己，致力于实现自己，她不会羡慕别人的荣华富贵，迎合别人的口味需要，也不会依赖别人，更不会怨天尤人，自暴自弃，决不会尔虞我诈，损人利己。她不喜欢张扬，强人所难，更不会让条条框框束缚自己。她喜欢与人为善，以诚待人，认真做事，以自身的力量证明生命的价值，按自己的思想方式去生活，拒绝一切无聊和粗俗的事物。她就像一片云，神秘飘逸，令人心驰神往，美丽了别人的眼睛，也洗涤了别人的灵魂，把属于女人的细节演绎得至美至善。女人如何才能做到如此有品位，成为众人眼中过目不忘的风景呢？这就需要你在细节方面严格要求自己，尽量不要出现以下情况，比如：

· 总是抱怨自己生活悲惨、哀叹生活不济。

· 过度轻率，凡事不经大脑思考。

· 扮演心理分析家，对任何人的言行都要做出分析，找寻动机。

· 经常打断别人的话题，强行表达自己的意见。

· 肆意攻击、诋毁别人，揭人隐私。

· 逢人便巨细无遗地表述自己的健康状况。

· 常通过自我夸大来掩饰自己的怯懦无能。

· 喜欢挟名人以自诩，常以"××是我朋友"来抬高自己的身价。

· 尖刻冷峻，专挖别人疮疤，恶意多，善意少。

· 拒绝尝试新事物及新经验，不肯从众。

· 在团体活动中总是沉默。

· 言语冷淡单调，缺乏热忱。

· 对人对事从不认真，态度暧昧，模棱两可。

· 常常阿谀奉承，讨好他人。

· 吝啬至极，爱占小便宜。

· 毫无主见，人云亦云。

·过度看重自己。

·谈话内容狭窄，而且多以个人的喜好和活动为主题，从不考虑别人的感受或反应。

·专门做一些扫兴的事。

·扮演"通天晓"的角色，对任何事物都作权威状。

·过分谦虚，给人做作之感。

·经常向人诉说生活沉闷。

·自我吹嘘，夸耀个人优点及成就。

·穿着公司赠送的广告衫，胸前后印着"××拉面"。

·热衷于向电视购物频道订购商品，并且经常订购"神奇翘臀裤"、"乳贴片"等美体产品。

·胸部注射了过量的"英捷尔法勒"软组织，给人以视觉上的压迫感。

·嫉妒漂亮女人，一见漂亮女人，就会附在别人耳朵上悄声说："她已经不是处女啦。"

·谈恋爱时，动不动就在男友面前谈"女权"，谈"波伏娃"。

·裙子是"宝姿"、皮鞋是"达芙妮"、手袋是……还要郑重声明：我的内衣是"梦特娇"。

·到电视台报名参加"电视征婚"节目，而且在节目结束的时候尚未"速配"成功。

·直奔而立之年，还喜欢奶声奶气地说一口琼瑶腔："我们女孩子……"

·喜欢在办公室说："今晚又有人请我吃饭，烦死啦……"

·用劣质口红，在吃饭的时候，把口红残留在酒杯上。

第七章
女人懂点心理学办事效率高

俗话说："出门看天色，进门看脸色。"懂心理学的女人，都善于洞察人心，知道瞄准对方的心理，见机行事，对症下药，这样才能提高办事效率，取得成功。

求人办事先要琢磨对方的心理

俗话说："知己知彼，百战不殆。"办事就像看病，只有找到病因和切入点，才能对症下药，有的放矢。聪明的女人都善于琢磨别人的心理，能够猜准对方心里怎么想，并做出相应的反应。

美国钢铁公司总经理卡里，有一次请来某房地产经纪人安娜·戴尔，并对她说："戴尔女士，我们钢铁公司的房子是租别人的，我想还是自己有座房子才行。"此时，从卡里的办公室窗户望出去，可以看见江中船来船往，一派繁华热闹的景致！卡里接着说："我想买的房子，也必须能看到这样的景色，或是能够眺望港湾的，请你去替我物色一所这样的房子吧。"

戴尔费了好几个星期的时间来琢磨这所相当的房子。她又是画图样，又是造预算，但事实上这些东西竟一点儿也没派上用场。不料有一次，她仅凭着两句话和5分钟的沉默，就卖了一座房子给卡里。

在卡里的钢铁公司隔壁的楼房里，卡里可以眺望江景。而卡里似乎很想买其隔壁那座房子。当卡里第二次请戴尔去商讨买房之事时，戴尔却劝他买钢铁公司本来住着的那幢旧楼房，同时指出，隔壁那座房子中所能眺望到的景色，不久便要被一所计划中的新建筑遮蔽了，而在这所旧房子里还可以继续眺望江面景色。

卡里立刻对此建议表示反对，并竭力加以辩解，表示他对这所旧房子绝对无意。但戴尔并不申辩，她只是认真地倾听着，脑子飞快地思考着，究竟卡里想要怎样呢？卡里始终坚决地反对着那所旧房子，他反对的理由，都是些琐碎的地方，显然可以看出，这并不是卡里的意见，而是那些主张买隔壁那幢新房子的职员的意见。戴尔听着听着，心里也明白了八九分，知道卡里说的并不是其真心话，他心里想买的，却是他嘴中竭力反对的他们已经占据着的那所旧房子。

由于戴尔一言不发地坐在那里听，没有表示她对买这所房子的反对意见，卡里也就停了下来。于是，他们俩都沉寂地坐着，向窗外望去，看着卡里非常喜欢的景色。

这时戴尔开始运用她的策略，连眼皮都不眨一下，非常沉静地说："先生，您初来纽约的时候，您的办公室在哪里？"她等了一会儿，又问："钢铁公司在哪里成立的？你们的事业在哪里诞生的？"卡里没有回答，她也不再说什么。就这样过了5分钟，简直像过了15分钟的样子。他们都默默地坐着，眺望着窗外的景致。终于，卡里以半带兴奋的腔调对她说："我的职员们差不多都主张搬出这座房子，然而这是我们的发祥地啊！我们可以说就在这里诞生的、成长的，这里实在是我们应该永远长驻下去的地方呀！"于是，在半小时之内，这件事就完全办妥了。

并没有利用欺骗或华而不实的推销术，也不用炫耀许多精美的图表，这位经纪人居然就这样完成了她的工作。

戴尔的成功，完全是因为她从两次与卡里的交谈中，琢磨透了卡里心中的真正想法。她感觉到在卡里心中，潜伏着一种他自己并不十分清楚的情绪，一种矛盾的心理，那就是卡里一方面受其职员的影响，想搬出这座老房子；而另一方面，他又非常依恋这所房子，仍旧想在这儿住下去。戴尔之所以能做成这桩生意，就在于她能研究出卡里的真实意图，用一个新的方法来解决这个矛盾。

在这世界上，只有一种方法可以促使人们去做任何事，那就是让人们自己愿意去做这件事。

而真正要他愿意做事的唯一方法就是，给他想要的东西。那么，一个人到底想要什么呢？

约翰·杜威认为，人类本质里最深远的驱动力就是"希望具有重要性"。

当你想要钓上一条鱼的时候，就要考虑鱼是怎么想的，知己知彼，自然能百战不殆。威廉·詹姆斯曾说："人类本质中最殷切的需求是渴望被肯定。"人类的心理再复杂，也还是有很多共性的，比如脆弱、自私、喜新厌旧、好逸恶劳、嫉妒等。能够通过细致的观察，把握住对方的心理，你就赢了。因为你知道他下一步会出什么牌，知道他需要什么，只要你能够满足他的需要，你的事情往往能够办成。

《红楼梦》中有一句至理名言：世事洞明皆学问，人情练达即文章。人与人之间的交流是很微妙的，谁都不敢保证能够洞悉对方的心理，尤其是与老谋深算的人打交道。所以，只能试图弄个一清二楚，诸如地位、性格、爱妃、脾气等，虽然不敢保证能掌握多少，但仍要尽量站在对方的立场考虑问题。只有对对方所想或所做的事，以及相关的方方面面，做出个客观的分析，才能揣其所思，投其所好，"需要哪口喂哪口"。否则，盲目行动的结果就是失败，或事倍功半。

那么，有没有什么小技巧，可以帮助我们去了解一个人呢？

1. 说话暧昧的人：太想迎合他人

这种人说一句话的意思既可作这样的解释，又可作那样的解释，总是含糊不清的。这种人往往处世圆滑，懂得如何保护自己和利用别人，从不吃亏。

2. 避开某个话题的人：有用意

这往往说明他在这方面有隐衷，或者在这方面有强烈的欲望，比如当一个人的心中对金钱、权力等怀有强烈的欲望的时候，往往会避开此话题以掩饰自己的真实用意。

3. 恶意责备别人的人：支配欲望强

他们常爱抓住别人的毛病小题大做，横加指责。这种人往往自尊心较强，对他人尖酸刻薄，具有支配他人的愿望。

4. 爱发牢骚的人：心眼小

爱发牢骚是一种不能言传的骄傲与自大。发牢骚者大多自视清高，当现实无法保持他们这种优越地位时，就借发牢骚宣泄。

5. 对他人评头论足的人：嫉妒心重

经常对他人评头论足之人往往嫉妒心重，心胸狭窄。如果他对于诸如别人不跟他打招呼之类的小问题耿耿于怀，说明他很可能在自尊心上受到挫折，渴望得到别人的尊重。如果他常以领导的过失或无能为力为话题，则说明他自己很可能有想出人头地、取而代之的愿望。

6. 谈家常的人：想和你套近乎

交谈时，对方往往先与你谈些家常话，这表示他很可能想了解你的实力，侦察你的本意，试探你的态度，然后好转入正题。这种人是很有心机的谈话对象。

7. 见风使舵的人：易变

在生活中，许多人说话往往是以交谈对象为转移的，他们自己没有一定的主见，完全是"看人下菜"。如果有必要，这种人可以朝令夕改、食言而肥。

8. 诉诸传统的人：思想保守

这种人不管什么新事物出现，都好用传统的东西作为评价标准。这类人大多是经验主义者，其思想保守僵化，具有顽固不化的心理。

聪明的女人要想了解对方，就要抓住对方的"心"来谈，知道对方怎么想，并作出相应的反应，这样才能把事办成。

办事的"冷热水效应"

所谓的"冷热水效应"就是：如果先让你把手放入热水中，再放入温水中，你肯定会觉得温水凉；如果先让你把手放入冷水中，再放入温水中，你肯定会觉得温水热。同一杯温水，却会给人两种不同的感觉。

女人如果能在办事的时候，很好地利用"冷热水效应"，通过一两

处"伏笔"，使对方心中的"秤砣"变小，这样不但不会有损自己的形象，而且能让对方愉快地接受你的提议，并获得对方的好评。比如，当你要说令人不快的话语时，不妨事先声明，这样就不会引起他人的反感，并使他人体会到你的良苦用心。

一位女汽车销售员平均每月都能售出 20 辆以上的汽车，但由于经济不景气，她预测在这个月只能售出 10 辆车。于是她事先给老板打了一剂"预防针"，说道："由于市场萧条，我估计这个月顶多能卖出 5 辆车。"老板点了点头，表示可以理解。

没想到月末时，这位女销售员竟然卖了 15 辆汽车，老板并没有因为她和前几个月比少卖了若干辆汽车而不悦，反而对她大大夸奖了一番。其原因就在于这位女销售员提前告知老板，使得老板心中的"秤砣"变小了，也就是期望变小了，到最后超出预期时，反而变得高兴不已。

能有效地利用人们的这种反差心理，你便能轻松地在谈判桌上克敌制胜。当你不能直接端给他人一盆"热水"时，不妨先端给他人一盆"冷水"，再端给他人一盆"温水"，这样的话，这人对这盆"温水"同样会给予一个良好评价，或许你还会收到意想不到的效果。

某服装销售公司的女副总，因工作需要，决定让家居市区的女推销员王燕去近郊区的分公司工作。在找王燕谈话时，女副总说："公司研究决定让你去担任新的重要工作。有两个地方，你任选一个。一个是在远郊区的分公司，一个是在近郊区的分公司。"王燕只好在远郊区和近郊区当中选择一个稍好点的——近郊区。

公司的安排其实也是这样的。女副总并没有多费多少唇舌，而王燕也认为选择了一个比较理想的工作岗位，双方都感到满意，问题解决了。

（竖排书脊文字）
99个办事智慧 聪明女人必备的

在这个事例中，"远郊区"的出现，缩小了王燕心中的"秤砣"，从而使王燕顺利地接受去近郊区工作的事实。女副总的这种做法不仅考虑了大局，还对王燕本人负了责任。

鲁迅先生说："如果有人提议在房子墙壁上开个窗口，势必会遭到众人的反对，窗口肯定开不成。可是如果提议把房顶拆掉，众人则会相应退让，同意开个窗口。"鲁迅先生的精辟论述，谈的就是运用"冷热水效应"去促使对方同意自己的提议。

生活中，有时我们不妨把最糟糕的情况先说给别人听，等别人有了这个心理准备之后，当最后发现结果并没有想象中的那么糟时，反而会觉得庆幸。所以，有效地利用人们心理的前后反差，能让你顺利地达到自己的最初目的。

女人求人有手段，对不同的人有不同的求法

求人办事时要重视办事的主体——人，凡是办事有心计的女人都懂得进什么庙念什么经，求什么人用什么手段。

一般情况下，在你求助于对方之前，你手里可能会有对方的好多信息，这就要求你仔细甄别，有效地利用它。一旦利用错误，就会造成反效果。在认清自己的行动目标后，就要主动出击。在整个过程中，要随时观察对方的反应。特别是最后阶段，要和开始的时候一样不得有丝毫的疏忽，要顺着对方的心理走下去，直到对方心悦诚服，答应与你携手合作。

除了这些基本的原则之外，还要懂得技巧的恰当运用。要想达到求人的目的，就必须有一套针对对方的独特手段，特别是在言谈举止方面，并把这些东西灵活自如地运用到实践中。

我们在求人办事的时候，经常会遇到下面几种人，要分门别类地认

真研究其特征，以提高办事效率。

1. 高傲、自以为是的人

这样的人总会目中无人、傲慢无礼，摆出一副臭架子，让人看了就生气，进而不想接近他。但当你不得不求他的时候，你会如何是好呢？

对付这种类型的人，最好不要跟他啰唆，多说必无益。在他面前，你说话做事都要简洁明了，直攻其要害，还要谨慎小心，不要掉进他设的圈套中。这样的人很难看到他的诚意，最好在不得罪对方的情况下，简明扼要地说明你的意图，还要用你的行动告诉他，你真的需要他的帮助。

其实，这样的人多是为了保卫自己才披这样的"外衣"的，我们可以抱着同情他的态度接近他，可以对他的傲慢无礼置之不理。在攻克他心理弱处的同时，从其他小细节中袭击他，让他措手不及。

2. 做事从来不考虑别人的人

这样不考虑别人、自私自利的人并不是特别多，但在生活中总会遇到几个。在所有的事情上，这些人总是把自己的利益摆在前头，别人的利益总不去关心。

当你有求于他的时候，也要极力按捺住自己的憎恨之情，投其所好，多强调对方的利益，让他在办事的过程中分享到好处，那么他就会对你特别满意，这样你办事的目的就达到了。

3. 不爱说话、沉静的人

求这样沉默寡言的人办事，是非常吃力的一件事。对方和哑巴相差不多，你很难知道他在想什么，他的真实意图是什么。你甚至很难判断自己是否被认可。

一位企业老总，总喜欢发呆，自己沉思。不管你和他说什么，他总是不语，你恨不得撬开他的嘴巴让他说话。即使你告诉他你即将取得很出色的业绩，需要他的配合时，他也只会淡然地说："哦，知道了。"然后就很难有下文了。

对于这样的人，你在求他办事的时候，最好采取直来直去的方式，千万不要委婉。要让他明白这件事这样做是"行"或"不行"，他是"是"这样的观点，还是"不是"这样的观点。你可以把所有可能的解决方法都放在他面前，直接对他说："对于 A 和 B 两种办法，你认为哪种较好？是不是 A 方法好些呢？"迫使他做出选择性回答。

4. 深藏不露的人

这样的人一般都不肯让人了解他的内心深处，他的想法和行为往往是不一致的，经常会"顾左右而言他"，自我防范心理极强，把什么都深藏在内心深处。求这样的人办事，往往会让人无所适从。

你可以把预先准备好的一切东西都摆在他的面前，牵引着他在你的思维下透露出真实意图，这样就很容易引出他的观点、态度，可以帮助你做出正确的决断。

或许，他在这个过程中也爱故意装傻，或者故意闪烁其词。但你若细心，就会很快发现事情的本质所在，这样就可以间接地让你把事情办成了。

5. 喜怒不形于色的人

这样的人的表情不呈现出自己的心情，你在求他办事的时候，他们的表情不是呆板就是深沉，最好是特别注意他的眼睛。眼睛是会说话的，通过"心灵之窗"，你可以明白对方的心思。

6. 慢性子的人

求助于行动比较缓慢的人，是最需要耐心的。

求人时，可能也会经常碰到这种人，此时你绝对不能着急，因为他的步调总是无法跟上你的进度，换句话说，他是很难达到你的预定目标的。所以，你最好按捺住性子，拿出耐心，尽可能配合他的情况去做。

7. 死板的人

这种类型的人，就算你很客气地和他打招呼、寒暄，他也不会做出你所预期的反应来。他通常不会注意你在说些什么，甚至你会怀疑他听进去没有。

遇到这种情况，你就要花些时间，仔细观察、注意他的一举一动，

第七章 女人懂点心理学办事效率高

从他的言行中，寻找出他所真正关心的事来。你可以随便和他闲聊，只要能够使他回答或产生一些反应，那么事情也就好办了。接下来，你要好好利用这一话题，让他充分表达自己的意见。

每一个人都有他所感兴趣、关心的事，只要你稍一触及，他就会开始滔滔不绝地说下去，此乃人之常情。所以，在求人办事时，你必须好好掌握并利用这种心理。

8. 顽固的人

顽固的人是最难应付的，因为无论你说什么，他都听不进去，只知坚持自己的意见。求这种顽固的人办事，是累人且又浪费时间的，结果往往徒劳无功。因此，你在和他交涉的时候，千万要记住"适可而止"，否则，谈得越多、越久，心里越不痛快。

9. 急性子的人

这种类型的人，乍看好像反应很快，他常常在交谈进行到最高潮时，忽然做出决断，给人"迅雷不及掩耳"的感觉。由于这种人多半是性子太急了，因此，有的时候为了表现自己的"果断"，决定就会显得随便而草率。

像这样的人，经常会"错误地领会别人的意图"，也就是说，由于他的"反应"太快，每每会对事物产生错觉和误解。其特征是：没有耐心听完别人的谈话，往往"断章取义"，自以为是地做出决断。如此，虽使交涉进行得较快，但草率做出的决定，多半会留下"后遗症"，招致意想不到的事情发生。

从事交涉，总是要按部就班地来，倘若你遇到上述这种人，最好把谈话分成若干段，说完一段之后，马上征求他的同意，没问题了再继续进行下去。总之，你既要"瞻前"还要"顾后"，如此才不致发生错误，也可免除不必要的麻烦。

出门看天色，进门看脸色

俗话说："出门看天色，进门看脸色。"女人在办事的时候，要善于洞察人心。尤其是当你有求于人的时候，更要见机行事，刚柔并济，如此才能提高办事效率并取得成功。

梁颖和刘丽丽是同事，她们两个工作都很努力，业绩也都很出色，不同的是，梁颖平时善于观察上司的举动，并主动接近上司，而刘丽丽则从不知道主动接近上司。

平常她们的经理精力充沛，在工作上颇为得心应手。可是，这一天，他显露出悲伤的神色，并一直努力地抑制着自己不良的情绪，表面上极力装得若无其事。午餐后，他望着窗外，目光呆滞。这些微妙的脸色和表情变化都被细心的梁颖看在眼里，她决定尽最大的努力，找出领导真正苦恼的原因，于是她关切地对经理说："经理，家里都好吗？"

"不！我正烦着呢，我儿子突然病倒了！"

"儿子生病了！现在怎么样？"

"其实也不需要住院，医生让他在家中疗养。儿子生病后，我很担心他。"

"难怪呢！我觉得经理的脸色不好，我还以为您有什么心事。经理您也要注意身体呀！"

"想不到你的观察力这么敏锐，谢谢你的关心。"

经理一面说着，脸上一面露出从未有过的笑容，在领导最脆弱的时候去安慰他，这才是当部下的人应有的体谅和善意。聪明的梁颖就知道这个道理。

不久，梁颖便被经理提升为主管，工资也提高了，而刘丽丽还在原

第七章　女人懂点心理学办事效率高

· 173 ·

岗位上努力地工作着。

聪明的女人会察言观色，留意对方的表情，互谅互让，该进则进，该躲则躲，当止即止，就可避免许多不必要的纠纷。察言观色是一切人情往来的基本要求，不会察言观色，办事圆满无从谈起，弄不好还会遭受失败。

常言道：人好水也甜，花好月也圆。心情的好坏直接影响到做事的成功率。所以，一定要注意对方所处状态，以及对方的情绪和心理需要。在对方心情不好的时候不要去麻烦别人帮你做事情。千万别一根筋似的闷头谈自己的事情，并且不停地说"麻烦您"、"拜托"、"求您帮忙"，这样会让人产生强烈的厌恶感。

假如想把自己的请求向对方说明，就应该先摆出愿意听取对方意见的姿态来，让人看到你有诚意，这样他才会愿意为你做事。

比如，如果他一边跟你说话一边接电话、看手表，那一定是有很急的事情，此刻不要把你求他办的事情说出来。

比如，当对方情绪低落时，但依旧很热情地跟你说"对不起，今天我心情不好，不过，你说吧……"那么此时无论他多热情，你也最好换个时机说事。

一家超市为了方便顾客，想盖一个自行车棚。但超市前面没空地。超市左侧紧挨着一家饭店，饭店前面倒有一片空地。超市女经理跟饭店女老板商量，想租一小块地。

饭店女老板一口回绝，因为她不想为了区区一点租金而影响自己的生意。超市女经理认真地揣摩了一下对方的心理，知道对方只是希望赚更多的钱，而又不想影响到自己。

超市女经理看了看饭店女老板严肃的脸色，就顺着她的心理说："您租场地给我们，是利大于弊：第一，我们租用的地方很小，不会挡住您的门面。第二，您每天生意最忙的时候，正是我们生意最冷清的时候，不会因为人多拥挤而对您的生意造成影响。第三，车棚盖好后，来您这里进餐的客人也可以将车存在这，您这不等于是为自己盖了一个车棚吗？第四，存车的顾客可能顺便来您这儿吃饭，这不是为您打免费广告吗？"饭店女老板一听，句句在理，当即同意租地，而且免收租金。

有些女人在办事的时候，经常依赖直觉，其实，这样容易被蒙蔽。懂得如何推测和判断才是察言观色所追求的顶级目标。聪明的女人会通过对方的言辞、衣着、坐姿、手势、表情及眼神来窥测对方的内心。

察言观色如看云识天气一样，是一门很深的学问。因为不是所有人在所有的时间和场合，都能喜怒形于色，相反，他们往往是笑在脸上，哭在心里。这样聪明的女人就应该关注微处，对其内心意图洞若观火，进而识别、了解他人。

只是，观人无速成，只有一步一步，扎扎实实地学习如何观人，才能在办事的时候达到见斑窥豹的效果。

配合别人的聪明而装傻

谁也不希望自己比别人傻，根据这一普遍心理，懂得装傻的女人常常会配合别人，给足他人面子。只有那种满脑子小聪明的女人，才会炫耀自己的聪明睿智，比如，当别人在谈话中犯了某些知识性或逻辑性错误时，她会毫不留情、一针见血地指出来；碰上一些有争议的话题，她们口气会十分强硬，咄咄逼人的驳斥让人受不了；在表述一个观点时，她总是口若悬河、直抒胸臆，不给别人发表见解的机会；当别人谈兴正浓时，她会半路杀出、抢尽风头，不把别人的面子放在眼里。所谓聪明反被聪明误，这种处处显示聪明的女人往往让人退避三舍、敬而远之。

外企公司的职员霖薇在为人处世中很会用"装傻"这一招。在同

事眼里霖薇不精明，甚至还有些憨憨的。霖薇会帮同事买饭、买烟；谁想偷懒就会把工作推给霖薇，而霖薇也任劳任怨地细心帮人家完成；如果有人心情不好，霖薇还会买冰淇淋来安慰人家。大家都自以为聪明得占了许多小便宜，但受益最多的还是霖薇。

如今谁都希望身边有这样的同事，所以大家心里还是很喜欢霖薇的。前一阵别的部门有个新来的看霖薇老实，就栽赃陷害她，所有办公室的人都愤愤不平，最后齐心协力地找到证据帮霖薇洗清了罪名。在评选最佳员工时，大家唯独对霖薇没有意见，于是霖薇成功当选。深得同事欢心的霖薇，没过几年便升职加薪了。

而和霖薇一起进公司的戚艾好胜心强，总觉得自己比别人都优秀，经常抢同事的风头，好多次都将所有的荣誉一人独占。同事偶尔撒了个小谎，被戚艾看穿，她便揭穿谎言以显示自己的聪明，丝毫不懂得给同事留面子。最终戚艾落得个众叛亲离、孤身一人的下场，尴尬地离开了职场。

身在社会中的女人，一方面要时刻保持清醒的头脑，另一方面还要适时装傻。正所谓在一些场合你不一定要很聪明，但一定要清醒，偶尔装一下傻，就是清醒的一种表现。懂得配合别人的聪明而装傻的女性，是聪明的女性，因为你在给别人留足面子，满足别人虚荣心的同时，也给自己留了很多出路。掌握了这门低调处事的艺术，你就能轻松自如地应付周围的环境。

在爱情的世界里，女人更需要装傻。男人都喜欢"傻"一点儿的女人，因为在聪明的女人面前，他们会觉得自己所有的弱点都被曝光，任何一个小伎俩都骗不了她们。而"傻"女人们会给足自己面子，哪怕她们知道自己在撒谎，也不会当场揭穿，这样就极大地满足了男人好面子的心理。

一次，丈夫出去和朋友玩到很晚才回来，因为怕被老婆骂，所以就说加班了。

妻子是个很精明的人，一下就听出老公是在撒谎，于是就试探着问："这么晚公司领导也让加班啊，太狠心了。"

丈夫有些紧张，说道："回家了能不能别谈工作的事啊！"

妻子知道他做贼心虚，傻傻地笑着说道："人家只是担心你嘛，不要只顾加班不顾自己身体。我去给你煮杯牛奶，喝了好好睡一觉吧！"

其实，丈夫也知道自己拙劣的谎言骗不过精明的老婆，但她并不揭穿，反而还这么温柔地对待自己，真是善解人意。丈夫心想，下次一定不能再这么晚回家让老婆担心了。

其实在知道真相的情况下装傻，是一种宽容的表现。装傻并不是忍气吞声，而是换一种思维方式，把生活中的小事模糊处理，以守为攻。这时，你的包容一定会让他心存感激，感激你的大度和善良，最后站在你的角度替你考虑，改掉自己的缺点。只要小小地装一下傻，就可以得到这种唾手可得的幸福，女人们何乐而不为呢？

"人非圣贤，孰能无过"，我们应给对方改过的机会。只要把握住婚姻生活的大方向，不偏离正常的轨道，不偏离道德的航线，试试在小事上装傻，说不定你会爱上"装傻"这种生活方式，因为这种方式能让你离幸福很近。爱人才是爱己，装傻并不是真傻。

女人们要想获得幸福，就要学会配合别人的聪明而装傻。能理解别人在说什么，却永远不表现出比别人懂得多；能看到他人的错误，却永远不会当面直斥其非、指责其误，而是找个台阶给对方下，巧妙地转换话题，这些都是大智慧的体现。

让女人去装傻，不是让女人去变傻。女人要想真正获得幸福，就要克服霸气，学会装傻，相信幸福的日子一定会天天伴随着自己。很多时候，做个精明的女人，不如做个迟钝的傻女人。

善于捕捉"弦外之音"

含蓄即要表达什么意图不会直接描述出来，这就需要倾听者细心领悟与揣摩了。一般来说，看人办事的规律往往来自于诸多细节小事，如果你眼快心细，不忽视各个小细节，就会将对方的心思猜出个一二来。

有位女孩好不容易找到了在高级珠宝店当售货员的机会。在圣诞节前一天，店里来了一个衣着破旧、满脸悲伤的中年妇女，她的眼睛一直盯着那些高级首饰，似乎非常想买一个回去。

这时，女孩的电话响了，在她拿电话的时候正巧把一个放有六枚钻石戒指的碟子碰倒了。她慌张地去捡，但发现只剩下五枚了。她一抬头，发现那个中年妇女正急忙往外走。女孩顿时意识到戒指被她拿去了。

当那人快出门口的时候，女孩柔声道："对不起，夫人！"中年妇女转过身来，两人相视有几十秒之久。"有事吗？"中年妇女说话的时候，脸上的肌肉在抽搐。

"夫人，这是我头一回工作。现在找个工作很难，想必您也深有体会，是不是？"女孩神色黯然地说。

中年妇女看了女孩很久，笑了："没错，找个工作很难。但是我能肯定，你在这里会做得不错。我可以为你祝福吗？"她向前一步，把手伸向女孩，将戒指送到了女孩的手里。

"谢谢您的祝福。我也祝您好运！"女孩说道。

女孩并没有把中年妇女不光彩的事情说出来，在双方心知肚明的情况下，中年妇女从女孩细微的表情中看到了她的坚持和友好。于是，中年妇女在掩饰自己的同时，给了女孩满意的回答。可见，在办事的时候，多观察对方的细节，就会很容易知道对方什么时候"刮风"，什么时候"下雨"。如果中年妇女听不出女孩的弦外之音，双方就会很尴尬，结果也会很惨。这就是说，在办事的时候，敏锐的观察力和准确的判断力才能穿透对方表面的慎重与矜持，达到透视人心的目的。

其实，善于捕捉"弦外之音"只是注重了生活中不被人注重的小事，再用巧妙的方法将其运用而已。多对周围人的言行进行观察，对其内心进行剖析，往往能达到"观人于微而知其著"的境界。

尽管人心会藏于胸腹，不易为他人所理解。但是，不知是幸抑或是不幸，人的心思却可由显现于外的表情、动作、言谈等流露出来。即使是极端型的面无表情者，其心理状态也无法完全不表现在其举止之间。下面将介绍几项饶有趣味，可以识透对方心理的有效技巧。

1. 态度异常冷淡无礼

如果对方的态度异常冷淡无礼，往往说明对方正内心不安。因为见面双方都持着该有的礼仪待人，他这么反常的表现，正说明了他的内心隐藏着不安，为了掩饰其弱点，便采用这种扰乱战术。你可不要被对方的假面具所吓退，此时以冷静的态度应付，才是上上之策。

2. "无表情"的表情

面无表情的表情，正是其内心无言的表达。当人类强烈的欲望无法得到满足，或心底充满敌意，有不欲为人知的情感时，不敢直接表露而努力压抑，往往会变得面无表情。所以，无表情并非内心毫无所感，很可能是心中波涛暗涌，畏于表现出来。

3. 一根烟

香烟是表明友好关系的一种信号。因此，若是推拒了对方所递过来的香烟，而取出自己的香烟来抽的话，会被认为是不接受对方的一种拒绝态度。

4. 将手插入裤袋中

如果对方将手插入裤袋中，多半是在紧张之余，无意识的动作。不论谁，为了要消除内心的紧张，大都会做出这种缓解肌肉紧张的动作。

他将手插入裤袋中，也只不过是要借着触摸自己身体中易于接触的位置，来提高与自己的亲密性，进而消除紧张。使其紧张得以缓和，是引出对方真心话的一个前提。

5. 从上往下看人

这可能是一种优越感的表现，这种人好支配人、高傲自负。

6. 偶尔往上扫一眼

偶尔往上扫一眼，与对方的目光相遇后又朝下看，如果多次这样做，可能对对方还吃不准。

7. 向室内凝视着，不时微微点头

这是非常糟糕的信号，它可能表示要对方完全服从他，不管下属们说什么，想什么，他一概不理会。

8. 说话时不抬头、不看人

这可能是一种不良的征兆，这种人往往轻视下属，认为他们无能。

9. 双手合掌

双手合掌，从上往下压，身体起平衡作用，这可能表示这种人的情绪趋于和缓、平静。

10. 久久地盯住对方看

久久地盯住对方看，很可能表明他在等待更多的信息，他对下级的印象尚不完整。

11. 友好和坦率地看着对方

领导友好和坦率地看着对方，或有时对对方眨眨眼，则往往说明对方很有能力、讨他喜欢，甚至出现错误也可以得到他的原谅。

12. 目光锐利，表情不变

目光锐利，表情不变，似利剑要把对方看穿。这很可能是一种权力、冷漠、无情和优越感的显示，同时也在向对方示意：你别想欺骗我，我能看透你的心思。

13. 双手叉腰，肘腕向外撑

双手叉腰，肘腕向外撑，这可能是好发命令者的一种传统的肢体语言，及碰到具体的权力问题时所做的姿势。

14. 双手放在身后互握

双手放在身后互握，这往往是一种优越感的表现。

15. 食指伸出指向对方

食指伸出指向对方，这往往是一种赤裸裸的优越感和好斗心的表现。

16. 拍拍对方的肩膀

拍拍对方的肩膀，这往往是对下属的承认和赏识，但只有从侧面拍才表示真正承认和赏识。如果从正面或上面拍，则表示小看下属或显示权力。

17. 坐在椅子上的姿势

坐在椅子上，将身体往后靠，双手放到脑后，双肘向外撑开，这固然说明他此时很轻松，但很可能也是自负的意思。

18. 手势

手指并拢，双手构成金字塔形状，指尖对着前方，这很可能说明对方要驳回你的示意。

19. 把手捏成拳头

把手捏成拳头，这很可能表明对方不仅要吓唬别人，还要维护自己的观点，倘用拳头敲桌子，那干脆就是企图不让人说话。

真心赞美他人巧办事

聪明的女人明白，每个人都希望别人肯定或承认自己的外貌、学识、地位等，于是，在求人办事的时候，总是想方设法赞美对方。

比如，聪明的女人会这样说："你的字写得真漂亮，能教教我吗……""唉！等我到您这个年龄，能有您成就的一半就不错了……"

曾经有一家杂志社邀请某报的女主编去参加某单位的杂志评鉴工作。此工作虽说报酬不菲，但是女主编仍以工作繁忙为借口，一再推辞。杂志社只好派刘雪亲自去了解情况。

刘雪看到女主编在为稿件犯愁，先安慰了几句，然后说："主编写文章真是一针见血啊。我们杂志社举办的这次活动正缺少像您这样的高手。这次还有好多名作家一道去，如果您方便的话，可以和他们交流、商讨。"女主编本来就被赞美得心花怒放，一听有名作家一道来，更是觉得自己地位不菲，于是顺口答应了。

生活中，每个人都对别人有一份期待，希望得到尊重，希望自己应有的地位和荣誉得到肯定和巩固。那么，聪明的女人就可以借此给贵人恰如其分地赞美，以博得好感，求得帮助。

其实，恰如其分地赞美对方并不是一件容易的事情。这就需要女人突破以往尺度，巧妙地赞美他，将对方引入你设定的情景，然后提出你的要求，这样会使你的要求成功地得到满足。最好是找到对方的一些闪光之处，也可以赞美他的一些不为人知却自以为得意的事。当然，这样别出心裁的赞美和肯定，是为迂回地打动对方的心做铺垫的。

需要注意的是，不要让对方对你的这种方式发腻，最好不要对他的长相、身高加以冠冕堂皇的称赞，否则会让对方觉得有一种故意讨好之感。

比如到别人家做客，主人喜欢养金鱼，你应该试着去欣赏那些鱼的美丽；主人爱养花，你应该去赞美他所养的花草。赞美别人最近取得的工作成绩，赞美别人心爱的宠物，要比说上无数空泛的客气话要有效得多。这就需要你细心观察欣赏对方的爱好与情趣，从独特的角度不动声色地赞美对方，这样办起事来才容易得多。

退让不是怯懦，
而是办事的一种大智慧

古语云："识时务者为俊杰。"前面明明是陷阱，你还马不停蹄地迎上去，最后吃亏的还是你自己。聪明的女人明白，办事要知进退，退而求其次，是为了更大的进取。处于弱势就要学会妥协，这不是屈服、软弱的表现，这是见机行事的表现。

王玫经常为了一个问题和同事争得面红耳赤、互不相让，进而使彼此的关系变得很僵。因为她性格固执，毫不妥协，常常不顾他人的感受，处处坚持己见，不仅得罪了老板，还疏远了同事们。

但一件小事改变了她。因为工作程序问题，王玫与同事闹别扭了，回家后气还是不顺，忍不住冲老公发脾气，埋怨老公不做家务。老公一句话都不说，只是不理她。等她心情渐渐平静下来后，老公拿着一个削好的苹果来到她身边。王玫将吵架的事情告诉了他，本以为老公会和她一起责骂同事，哪知老公莞尔一笑说："你为什么不先停止争吵呢？"王玫则表示，死也不认输。老公摇摇头："不是让你认输，而是要学会适时妥协。妥协是有原则的让步，不是认输和怯懦，像刚才一样，如果我不妥协，恐怕我们现在还在吵架。"

听了老公的话，王玫豁然开朗。后来她发现，有时候，妥协其实是解决问题的最好办法，能让她得到更多朋友，还会有个好心情。就这样，工作对于她来说，开始变得顺利起来。

处于弱势的高欢，知难而退，就少走了很多弯路。聪明的高欢明白，在现实中，主观意愿往往与实际情况是有一定距离的，要就需要自

己不断地进行调整和转变，而每一次的转变和调整都意味着可能要退一步，直到自己再一次与机遇相遇。然后，再伺机而进，这是办事的永恒法则。

相反，如果明明知道自己前面是危险，还硬着头皮前进，结果当然不会理想。在办事的时候，女人要识时务，懂得知难而退，这样才不会出现"天亡我也"的感叹。要做到逢凶化吉，遇难呈祥，把不可能的事变成可能的事要懂得退。退是一种糊涂谋略，更是一种维系生存的手段。面对千难万阻，要想顺顺利利地办成事，就要及时地退几步。

其实，退一步，只是暂时的，在我们等待的同时，它能让我们积蓄更多的力量走到我们想要到达的地方。社会上的机会比比皆是，只要你用心，在退的同时很可能会找到另一个机会，或许它为你带来的收益远远超乎你的想象，这会更让你欣然若喜。任何东西都不是非它不行、非它不可。

暂时退几步，在恰当的时机妥协，是通往通权达变的不可或缺的智慧。毕竟我们要生存，靠的是理性，而不是倔犟的意气。不妨想一下，我们冲上去的后果，比现在的"退步"更符合自己的理想吗？为人处世中有太多的争斗，我们都要这样不管不顾地冲上去，直到头破血流，那还有多少力气坚持我们原本的理想。弹尽粮绝的时候，解决方式不尽相同，妥协是比较明智的一种。

聪明女人在做事的时候，退几步，也许不是最好的办法，但是在没有最好的办法出现前，这已经是比较好的办法了，这样可以避免时间、精力等"资源"的继续投入。在"胜利"不可得、而"资源"消耗殆尽日渐成为可能时，"退几步"可以立即停止消耗，使自己有喘息、整补的机会。理论上，"强者"不需要退步，因为他"资源"丰富，不怕消耗。但"强者"也有处于弱势的时候，那在这个时候，不妨让自己先停一停，给自己时间和机会让自己在办事的时候绕道而行，不至于横冲直撞、头破血流。将不太可能的事变为可能的事，最后达到成功之目的，需要牢记一个"退"字。

善于示弱，人人都有保护弱小的心理

撒切尔夫人说，女人一生所犯的最大错误，是忘记了自己是"女人"。而女人的固有优势就是示弱，在办事的时候，它是女性无往不胜的利器。

曾有一位正义的女记者听说一位知名的女作家公然剽窃别人的稿子，甚是气愤，面带挑衅地来到女作家的家中。然而，见面后还来不及寒暄，这位女作家就对想质问自己的女记者说："时间还长得很，我们可以慢慢谈。"女记者对女作家这种从容不迫的态度大感意外。

不多时，保姆将咖啡端上桌来，这位女作家端起咖啡喝了一口，立即大嚷道："哦！好烫！"咖啡杯随之滚落在地。等保姆收拾好后，女作家又把女性香烟倒着插入嘴中，从过滤嘴处点火。这时女记者赶忙提醒："夫人，你将香烟拿倒了。"女作家听到这话之后，慌忙将香烟拿正，不料却将烟灰缸碰翻在地。

平时傲慢的女作家出了一连串洋相，这使女记者大感意外，不知不觉中，她原来的那种挑战情绪消失了，甚至对对方怀有一种亲近感与同情心。

大多数人都有保护弱者的欲望，精明的女人不会隐藏起自己的"脆弱"，就像这位女作家一样。这种"脆弱"既可表现在生理上，如一副弱不禁风的模样；也可表现为精神方面的"脆弱"，如怕打雷或者怕看到电视或电影里有点恐怖的镜头。

当你向人们展示自己的弱点时，人们会信以为真，并立即接受你；相反，对"王婆卖瓜，自卖自夸"式的宣传，人们常常持怀疑态度，

并产生反感。而向别人展示自己的弱点就像承认自己的短处一样，能给人一种坦诚的好印象，消除别人对你的戒备心理，赢得信任，甚至还会使人主动去帮助你。

但是，几乎每个女人都有好强的心态，没有人愿意承认自己的短处和弱点，心里总认为自己是最强大的、最优秀的、最聪明能干的。但是"山外有山，人外有人"，竞争无处不在，所以若是在特定情况下公开承认自己的短处，有意暴露某些方面的弱点，常常是一种有益的处世之道。

女人如何向别人展示自己的弱点呢？其方法可以是个别接触时推心置腹的长谈，幽默的自嘲，也可以是在大庭广众之下有意以己之短，补人之长。如果你碰到的是个有实力的强者，而且他的实力明显高于你，那么你不必为了面子或意气而与他争强。因为一旦硬碰硬，固然也有可能战胜对方，但毁了自己的可能性也很大。

一般来说，人性没有绝对的强与弱，只有相对的；也没有永远的强与弱，只有一时的。因此强者与弱者，最好维持一种平衡、均势的关系。只要你愿意，不论你是弱者或强者，"承认短处，暴露弱点"只是一个智慧的处世策略罢了。

古语道："天下之至柔，驰骋天下之至坚。"在办事的时候，女人偶尔的示弱不会被对方当成是无能的表现，相反，示弱才是最坚强的表现。特别是在你希望得到别人帮助的时候，更应该试着去低头，主动向别人展示自己的弱点。

英雄难过温柔关

女性的温柔是一种智慧，在办事的时候，一旦以温柔作武器，女性将会变得智勇双全，在人生的路上攻克各种难关，无往不利。特别是在面对男人的时候，温柔犹如一坛封存的老酒，无须摇动，只要将坛口轻轻开启，芳香就会散发出来，让男人心醉神迷。

刘伟性格安静，在一家杂志社上班，但平时很少与人接触。他对面坐着一个女孩，他只要稍稍挺身就能看见她。她叫高娟，长得不算漂亮，但总是表现得温柔安静。

刘伟与高娟尽管离得最近，但也很少说上一句话。刘伟只是偶尔抬眼看看她，看她不经意间的一个动作、一个神态。

同事们经常在闲暇时凑在一起聊天儿，高娟有时也会参与其中，说得不多，却总是一脸温柔的笑意。刘伟则坐在一旁，有时说上三言两语，但总的来说还是很少说话，但他发现每次高娟都很小心地听，眼睛盯着他，那眼神似乎有点复杂，刘伟因此确定她有一点崇拜他，这让他有点暗自高兴。男人总是希望被人注意和崇拜的，那说明自己是优秀的。

有一次，同事关门时不小心夹了她的手，连连道歉，而高娟一边摇头说没关系，一边揉着手指，疼得泪花在眼睛里直转。那一刻，刘伟忽然觉得这个女孩子好温柔！刘伟发现自己心里像有什么东西被融化了。中午吃完饭回来，他有意表现出不经意的样子，问了一句："手好些了吗？"她下意识地揉了揉手指，说："好多了。"他想自己应该是喜欢上她了。但是，为了理想就要离开这家杂志社的他不敢多想，到更能发挥自己优势的地方去锻炼和发展自己，才是他现在的目标。

后来，正如刘伟所想，他终于可以离开杂志社了。有一天下班了，高娟怯生生地向刘伟借一本书，刘伟点了一下头，没说什么。她愣在那里，有点不知所措，以为他不情愿。他看着她笑了笑，说："明天给你拿来。"她如释重负。刘伟没有想到，正是这一次借书，让他们得以一直保持联系。

后来，刘伟偶尔打电话给高娟，但常常是她家人接的，不一会儿，就能听到她跑过来接电话，气喘吁吁的。他责怪她道："干吗跑那么急，先喘喘气再说。"她柔声道："没什么，怕你多等。"刘伟的心就像

被什么撞了一下，他很喜欢听她说话，她的声音很柔和，流露着一缕温柔。

渐渐地，他们通电话和发短信的次数越来越多。每次见面，高娟说话的时候，刘伟都盯着她看，毫不遮掩。当她触到他的目光时，她迅速闪开了，露出一点羞涩。刘伟发现自己其实是喜欢她的，尤其喜欢看她羞涩的样子。

刘伟大胆地牵了她的手，她要挣脱，但是刘伟抓得更紧了，她也就没有再挣脱。她的手很小、很软、很温，刘伟就这样一直拉着她的手，再没有松开。

每当刘伟和那些哥们在一起，听他们说起自己的老婆就像个母夜叉似的让人讨厌时，就常常想自己真是幸福，娶了一个这么温柔的老婆。

贾宝玉说过这样一句名言："女人是水做的。"女人的温柔，最能打动人。就像老酒，男人只饮一滴，就可回味一生。

男人用坚强征服世界，而女人用温柔征服男人。凶悍的女人只会让男人怕而并不是真正的驯服，而温柔却能够让男人彻底臣服，拜倒在温柔女子的石榴裙下。

在工作中，作为女人，你尽可以潇洒、聪慧、干练、足智多谋……但会办事，有一点不能少，那就是你必须温柔。女人穿着温柔这件衣服，常常会让她们在"山重水复疑无路"时，出现"柳暗花明又一村"的奇迹。

在人际交往的时候，发挥你的温柔，不仅能获得情感上的幸福，更能帮助你在事业等其他方面取得成功。正像一位诗人所说的："女性向男性'进攻'，温柔常常是最有效的常规武器。"

当然，温柔并不能等同于娇滴滴、嗲声嗲气。娇滴滴、嗲声嗲气是故作姿态。而温柔是真性情，是骨子里生长出来的本能的东西。它是一种无形的力量，能把一切愤怒、误解、仇恨、冤屈、报复融化掉。在温柔面前，那些吵闹吼叫、斤斤计较、强词夺理、得理不饶人的人，显得那么可笑可怜。

其实，在办事的时候，想要表现出温柔并不难，也许只是一个眼神，只是默默地微笑；也许仅仅是伸过的一只温柔小手，知冷知热，知轻知重，只这么一抚摸，受伤的灵魂就愈合了；也许只是一声低唤，一阵呢喃，昏睡的青春就醒来了，痛苦的呻吟就变成甜蜜幸福的鼾声了……

温柔是一场无风无雷的小雨，在办事的时候，会让对方干枯的心灵舒展得如春天的枝叶。温柔的女人，是微笑天使、爱心大使，能抚慰心灵、平复创伤。温柔的女人的亲切与耐心，决不是奉迎，更不是依附，而是一种自信。女人在办事时展示温柔，也是在展示美丽与自信。

利用同情心来以弱克强

会办事的女人，总是会发挥女人的优势，适当地运用争取同情的方法以得到意想不到的效果，尤其是面对比自己强的人时，这种方法能激起对方保护弱小的冲动，心甘情愿地听你"支配"。

有位女教师，教学科研成绩突出，各项条件均具备，但总评不上职称，原因是她与校领导关系不好。

无奈之下她将此事上告到上级主管领导处，这位领导听后反而推辞说："评不上是你学校的问题，学校不上报，我又有什么办法？"这位女教师早有心理准备，竭尽所能地让领导同情自己的处境，立刻说："如果学校能解决，我也不会来麻烦您了。我是逐级按程序反映的。您是上级领导，而且又主管这方面的工作，下面在这方面出了问题，您是有权过问的。如果您不及时处理，出现更大麻烦，那就晚了。我想，只要您肯过问，您的意见他们会听的。"

领导感觉到这个女教师的难处，很快改变了态度，事情最终得以

解决。

一般来说，同情弱者是人的天性，女人要懂得在办事的时候争取对方的同情心，那么对方再铁石心肠，也免不了会动情。人心都是肉长的，只要你将自己的情况和你内心的痛苦如实地说出来，对方很可能会为你提供帮助。

当然并不是说，凡能表现得软弱就可以解决问题，不过我们可以考虑调动对方的同情心，使对方首先从感情上与你靠近，进而产生共鸣。同情心可以促进对方理解你，可以在处理问题的过程把你诉说的情况也考虑进去。

女孩漫无目的地走着，手中攥着那张写着可怜分数的试卷，心想："如果再多一个'0'，我就是全年级第一了。可我不够聪明，不能考出好成绩。"老师那声"白痴"让她彻底对自己失望了。于是她放弃了，决定远走高飞。

背着一个简单的旅行袋，她漫无目的地行走。天色渐暗，她该找个地方过夜了。她来到村庄中一户人家的门前。"有人在家吗?"她决定碰碰运气。

"你有什么事吗?"开门的是一个慈祥的老妇人。女孩有些困窘地说："我可以在您这儿借宿一夜吗?"

老妇人和蔼地说："对不起，我们家没有让陌生人在家过夜的习惯。你还是另寻别的住处吧。"

女孩有点尴尬，但是只有想办法获得同情。她仍然小心翼翼地说："其实，我已经没心情找住的地方了。我成绩不好，老师不喜欢我，我也只能这样流浪了。"

老妇人动了恻隐之心。

女孩看到老妇人露出同情的表情，继续说："我没有钱，但我可以帮您收拾屋子，洗洗衣服，您能收留我吗?"

老妇人眯着眼睛望着疲惫的女孩，说："进来吧。"

恻隐之心，人皆有之。在求人办事时，聪明的女人应该学会利用这种心理，把自己的不幸遭遇呈现出来，让对方心痛，认为值得同情，因为许多人都愿为显示自己的强大而同情和帮助弱者。

聪明的女人会利用对方的同情心，揣摩对方的心理，让对方有一种出自感情的冲动，看到自己的不幸后会本能地感到难受，进而帮助自己。

忍让是处世的一种策略

女人在办事的时候，要懂得忍让，因为小处忍让是收服人心的好办法，也是舍小谋大的英明做法。在社会这个大家庭里，女人不得不与各种各样的人打交道，甚至还要与有些人长时间地相处。要处理好彼此之间衍生出来的各种矛盾，往往离不开忍让。

俗话说："两斗皆仇，两和皆友"。在共事的过程中，双方总是容易为一些小事而计较，常常会因此心存隔阂，不欢而散。大多数女人往往太情绪化，凡事不够忍耐，逞一时之气，这样就会乱了大谋。相反，如果双方都能在各自原则的基础上，相互礼让，这样就会皆大欢喜。

张晶晶正在气头上，对问自己问题的同事许薇大声斥责了一番。许薇也很生气，其实这些问题本来该由张晶晶负责，现在她却呵斥起自己来，许薇也不由地愤怒起来。本来要反击，这时，她想起跟密友吵架的事情，也是因为一件小事，两人各奔东西，让许薇后悔不已。张晶晶看到没有说话的许薇，为自己的行为感到愧疚起来，向许薇道了歉。之后，两个人成了好朋友，在相互帮助中，两人的事业发展得更顺利了。

女人在求人办事的时候，一般是不能立竿见影的，这样就会导致心浮气躁，殊不知此时正是考验你的心理功夫是否到家的时候。正如俗话所说"忍人之所不能忍，方能为人之所不能为"。

有这样一句话：忍得一时之气，免得百日之忧。会办事的女人在与人相处的时候，懂得"小处忍让"的秘诀。她们明白世上没有白占的便宜，爱占便宜者迟早要付出代价。因为，见好处就捞，遇便宜就占，必定引起对方的鄙视。每占一分便宜，便会失去一分人格；每捞一分好处，便会丢掉一分尊严。相反，以吃亏为荣、为乐，势必赢得人们的尊重。

俗话说：百忍成金。在办事的时候，忍让是开阔胸襟和宽宏度量的表现，它会让别人意识到你高尚的人品。在以后的共事中，别人也乐意和你合作，甚至还会和你一样忍让。

会办事的女人都是在不断地忍让和吃亏中成长和成熟起来的，并变得更加聪慧和睿智。天底下没有白吃的亏，它很可能帮助你获得大的胜利。相反，一旦吃亏便愁肠百结，甚至一蹶不振，受伤的人只能是他自己。

第八章
提升女人的交际应酬能力

　　如今，女人开始参与越来越多的交际应酬。会办事的女人懂得应酬的种种礼仪，能在应酬中很好地展示自己的风度与端庄，使之成为自己办事成功的基础和在社会上拼搏的有利武器。

吃得漂亮不容易

俗话说，吃要有吃相。但吃得漂亮并不是一件容易的事情。如果你希望在用餐时也能展现淑女风范，有一些餐桌礼仪一定要注意。

其实，从进门、用餐到结束，每一个环节都有必须注意的地方。比如，在入座的时候，如果有长辈在场，必须礼让他们；如果遇到需要自己动手拉开坐椅的情况，就要注意避免发出刮地板的声音。

再比如，外出用餐时，女人免不了会随身携带包包，这时候应该将包包放在背部与椅背间，而不是随便放在餐桌上或地上。坐定之后要保持端正的坐姿，但也不必僵硬得像个木头人，并且注意与餐桌保持适当的距离。

随着职场礼仪越来越得到重视，商务饭桌上的吃和吃相也更加讲究。以下以中餐为例，教你如何在餐桌上有礼有仪，得心应手。

1. 宴席刚开始时的礼节

服务员送上的第一条湿毛巾是擦手的，不要用它去擦脸。上龙虾、鸡、水果时，会送上一只小小的水盂，这是洗手用的。洗手时，可两手轮流沾湿指头，轻轻涮洗，然后用小毛巾擦干。

2. 宴席过程中要注意的各种细节

（1）入席后不要立即动手取食。要让主人、尊敬的长辈或重要的人士先动碗筷用餐。端碗的时候，要用大拇指扣住碗口，食指、中指、无名指托碗底，手心空着。不要不端碗而伏在桌子上对着碗吃饭。

（2）对外宾不要反复劝菜，可向对方介绍中国菜的特点，也不要指望对方反复给你让菜。

（3）一次夹菜不宜过多，要闭嘴咀嚼，细嚼慢咽。即使遇到自己喜欢的菜，也不能张开大嘴，大块往嘴里塞，狼吞虎咽的，这样会给人留下馋嘴和贪婪的印象。

李艳在电子厂打工，一天早晨在吃面条时，由于大口猛吃，竟没有发现面条中有一根长3厘米，并带有12厘米长黑线的缝衣针，就将其连面条一起吞进喉咙，针扎进下后咽壁软组织中。

李艳当即使劲吞咽，想将"杂物"吞进肚子里去，不料越吞越痛，呕吐不止。放射照片显示，针已深深扎进软组织，若不是黑线拖着，可能已游走到血液中去了。医生在纤维鼻咽喉镜下用钳子钳住线，并将针拖出。

（4）夹菜时应从盘子靠近或面对自己的盘边夹起，不要从盘子中间或靠别人的一边夹起，更不能用筷子在盘子里翻来倒去。眼睛也不要老盯着盘子。尽量避免碰到其他食物。如果可能的话，用旁边的公筷和汤匙。吃完饭或取完食物后，将筷子放回筷子座。

（5）夹菜时，不要碰到邻座的人，不要把盘里的菜拨到桌子上，不要把汤泼翻，不要将菜汤滴到桌子上。最好能手握餐纸或餐巾，感觉到嘴边有饭粒等东西的时候，要及时地清除。切记，用舌头去舔是特别不雅的行为。

（6）在正式宴席上，由于菜式各有特色，应该个别品尝，而且一次只能从碗中选一种，不要混合品尝。不可用盘子吃，只能用碗。骨头和壳类放在个别盘中。

（7）除了汤之外，席上一切食物都用筷子夹取。不可玩弄筷子，把它们当鼓槌是非常失礼的做法，更不可以用筷子向人指指点点或打手势示意。当然，绝对不可吸吮筷子或把筷子插在米饭中，这是大忌——这好像葬礼上的香烛，被认为是不吉利的。

（8）口含食物时，最好不要与别人交谈。

（9）要用筷子或手取接吐出的骨头、鱼刺、菜渣，不要直接吐到桌面上或地面上。

（10）自己添饭，并能主动给长辈添饭、夹菜。遇到长辈给自己添

饭、夹菜时，要道谢。

（11）不要用手在嘴里乱抠。用牙签剔牙时，应用手或餐巾掩住嘴。不要让餐具发出任何声响。

（12）茶是中式餐饮的必备品。一般来说，座位离茶壶最近的人应该负责为其他人和自己斟茶。斟茶的次序按照年岁，由最长者至最年轻者，最后为自己斟。当别人为你斟茶时，礼节上应该用手指轻敲桌子，这样做是对斟茶者表示感谢和敬意。

（13）需要中途离席时，跟同桌的人招呼一声是绝对必要的。

（14）餐后不要不加控制地打饱嗝或嗳气。

3. 宴席结束后的礼节

主人示意用餐结束，客人才能离席。离席时，要向主人道谢。

总之，在这个过程中的每一个细节，都能体现出一个女人的修养。虽然有些烦琐但也不至于太困难，只要利用机会练习，相信培养餐桌上的礼仪也是轻轻松松的事情。

"场面儿人"必知的点菜技巧

女人在酒桌上应酬的时候，点菜是件最令人头疼的事情。特别是求人办事时，由于被请者的资力以及所办事情的难易程度不同，点菜的难度系数也有所不同。谁都想少花钱多办事，那如何点菜呢？点菜的要领是咸甜兼备，干汤相宜，要做到这一点可不容易，这是一个味觉美学的问题，女人在办事的时候应该了解这方面内容。

刘欣是位地道的湖南人，有一次，公司派她负责一批重要客户的接待工作。这批客户来自上海，却点明要品尝一下"有深圳特色的湘菜"。于是，刘欣带他们来到深圳较有名气的酒店。她想，既然吃湘菜，那就要充分体会它的麻辣香浓，于是她大力推荐了这家酒店口味最为麻辣的"三湘四水"。

结果，满桌的上海客人对着这盘"三湘四水"面露难色。刘欣这才明白过来，"有深圳特色的湘菜"就是"不辣的湘菜"啊！

由此可见，点菜时必须了解有多少位客人，有多少种口味，尽量做到对他们的喜好了如指掌。有的人要吃肥肉，有人只想点青菜，湖南人要吃辣，上海人想吃甜，这些基本的点菜要领应该掌握。

点菜是一项充满了技巧、经验的系统工程。如果不是自信心特强的人，不妨藏拙，坐享其成。等大多数客人到齐之后，将菜单供客人传阅，并请他们来点菜。如果你担心预算的问题，就应多做"饭前功课"，选择合适档次的请客地点。

如果是你来买单，客人会让你来做主。如果你的老板也在酒席上，千万不要因为尊重他而让他来点菜，除非是他主动要求。否则，他会觉得不够体面。如果你是赴宴者，要让主人来点菜。如果对方盛情要求，你可以点一个不太贵又不是大家忌口的菜。在点菜之前要先征询一下桌上人的意见。比如，你可以问一下："我点了菜，不知道是否合几位的口味"，"要不要再来点其他的"等。

点菜时尽量不要向服务员问菜肴的价格，或是讨价还价，这样会让你在客户面前显得有点小家子气，而且客户也会觉得不自在。点菜时，一定要做到心中有数，可参考以下几个规则。

第一，了解这家餐馆的特点。

属于哪个菜系，这个菜系的特点是什么，哪些菜是这个菜系有名的或者是目前流行的菜式。

第二，选择合适的菜量。

人均一菜是比较通用的规则。如果是男士较多的餐会可适当加量。

第三，菜肴搭配要合适。

最好是有荤有素，有冷有热，尽量做到全面。尽量不点用同样手法烹调的两种菜肴。如果桌上男士较多，可多点些荤食；如果女士较多，

则可多点几道清淡的蔬菜。

第四，看宴请的重要程度。

若是普通的商务宴请，平均一道菜在50元到80元就可以接受。如果这次宴请的对象是比较关键的人物，那么则要点上几个够分量的菜。

第五，特价菜一定要点。

特价菜是餐馆招揽顾客的一种促销措施，基本上是平价揽客的，所以点特价菜可以达到省钱尝鲜的效果。

第六，不能完全听服务员的安排。

不能完全听服务员的介绍，因为服务员可能会推荐一些快要过保质期的原料烹调的菜肴，这是要注意的。

第七，与领班秘密商讨。

把你的标准告诉她，让她帮助你们点菜。但是注意措辞要有礼貌。

如果你们吃的是西餐的话，就要用另一套方法了。我们以法国菜为例，介绍一些相关的礼仪。

法国菜分为开胃菜、前菜、主菜、乳酪、甜点五大项，前菜多为海鲜，主菜则多为肉类。高级一些的餐厅还会提供如"冬季套餐"、"春季套餐"等特别的季节菜单。如果是初食者，最好点食套餐，这样既不伤脑筋又可以尝到实惠又美味的法国菜。如果是普通菜单，会多出一项，即咖啡。

拿到酒单的时候，最好从口味淡、爽口的白酒或香槟开始，再依上菜的顺序与菜色转为口感浓烈的红酒。因为白酒或桃红酒最适宜搭配前菜，红酒则适宜搭配主菜。

可见，点菜并不是一件容易的事情，这就需要会办事的女人，多多发挥自己的聪明才智，多积累一些相关的诀窍。

与情人约会用餐时必须注意的礼仪

女人在与自己心仪的男人约会用餐的时候，多会在对方的询问下用"随便"来回答。其实，这是一种不礼貌的行为。为了表现自己有主见，你应该主动点些什么，但不要超出男方的预算。特别是在有名的高级餐厅用膳，你更不可在他面前失态，要留下良好的印象。

其实，对于餐桌礼仪，女人要谨记"整齐"、"清洁"和"保持安静"三项原则，便可无往不利。如何在细微的地方表现得大方得体，为你的形象加分呢？只要避免犯下面几个小错误，这场约会就很完美了：

1. 用膳前的细节

答应对方的邀请后，如果临时有事要迟到甚至取消约会，必须事先通知对方。一般来说，你迟到的时间若超过十五分钟，便会给对方留下不重视约会的坏印象；最好不要先购物后赴约，这样随身物会带得太多；当你进入餐厅后，为了不给他留下"背后的女人"的印象，你可以自信地跟着侍者到预订的座位处；如果对方能绅士地给你拉开椅子，就应给他一次表现的机会；当然，作为一个优雅的女人，你还要注意自己的坐姿，不要紧靠在椅背上，要坐直，以眼正视前方，别只顾垂头以逃避对方的视线；手腕可自然地放在桌子的边缘上。

2. 点菜礼仪

在点菜的时候，如果没有自己预想的食物，看遍菜谱也没有头绪的话，可请侍者为你推荐餐厅的招牌菜。不要在这个过程中总说"是……但……"，这会给对方添加很多的麻烦。当然，你还可以告诉男方你想点的菜，再由他向侍者落单，这是对他的尊重，能够暗示你对他的信赖。

3. 用餐时的细节

在用餐的时候，会办事的女人不做大动作，而是时刻保持冷静，最好要知道下面的几种日常礼仪。

（1）餐前，用餐巾角轻印嘴唇，可减淡唇膏留在杯上的痕迹。为避免整个杯口都布满唇印，尽量固定在一个位置喝。

（2）开始用餐时，一个气质高雅、仪态端庄的淑女，不应该为男方倒酒或做拿毛巾、夹菜一类的动作。因为在西餐中这些工作应该全由服务人员来做；而中餐中，则是男士向女方献殷勤的表示。如果女方这样做，则是非常不合适的。

此外，聪明的女人还应该谨记一些相关的小细节：吃肉类时，应从某个角落开始切，吃完一块再切下一块；遇到配菜时，可左手握叉平放碟上，叉尖向上，再以刀子将豆类或饭轻拨到叉子上便可；喝汤时身子要坐直，等到汤不太热的时候，把汤匙送到嘴边，最重要的是，喝时不能发出声响；遇到不吃的部分或配菜，只需将它移到碟边；嘴里吐出来的东西要用叉子递到嘴边接出，整个过程尽量不要引起对方的注意；若有自己伸手取不到的东西，千万不要站起来俯身去取，要让对方递给你；口中有食物时不要说话，也不要含着食物喝水，因为用水将食物冲下是不礼貌的；不要用餐巾大力擦拭嘴角或手指上沾上的污渍，只需轻印几下即可；如果中途需要离席，可将餐巾对折两下，并整齐地放在椅上，谨记弄污了的一方应折向内，以免让人看到你的餐巾。

4. 餐后的补妆

你可以选一道菜与另一道菜中间的空当，在洗手间内拨头发、弄衣服或涂唇膏等。

会办事的女人，在整个用餐过程中，会保持心情轻松、举止自然，从而赢得对方的好感，并让对方对你喜爱有加。

老朋友间也不忘礼尚往来

一位英国诗人曾说："友谊是一棵遮阴树。"会办事的女人会常常与老朋友联络感情，并备以小礼物，以讨得对方的欢心。当然，如果你这样做，在你需要帮助的时候，这些"死党"绝对是你最好的帮手。

但是，现实生活中，很多女人在恋爱或者结婚后，就会将全部精力都投入到一个男人身上或一个家庭中，进而慢慢地也就疏远了自己的老朋友，这实在不是一种明智的选择。

江叶跟张健在情窦初开时已相识相恋，从中学时代的早恋到如今结为夫妻，两人已走过了 10 多个年头。很多女孩都在羡慕他们青梅竹马的爱情最终修成正果，而江叶有时却会感到一丝遗憾：爱情来得太早，10 多年来，一直沉浸在两个人的世界里，却没有几个很贴心的闺中密友。

江叶说自从跟张健恋爱后，就不自觉地以他为中心，自己开心、不开心的事都习惯了向他倾诉，慢慢地也就疏远了自己的女性朋友，开始融入张健的朋友圈，以至于这么多年过去了，她的生活里只有张健、张健的家人和张健的朋友，却很少有自己的朋友，更别说是闺中密友了，所以她时常有无处倾诉的烦恼。

不要相信有些女人的话：只有有求于人的时候才适用"礼尚往来"这一条，相知多年的老朋友就不需要这么"客套"了。

对于女人来说，与"死党"的那份情谊是永远不变的，她们也因此从中获取了更多友谊的快乐。所以，作为女人，无论你处在人生中的哪个阶段，忙于工作也好，恋爱也好，相夫教子也好，都不要疏远闺中

密友。女人要有自己的圈子，在勤劳持家的同时，也要开阔眼界，用友情把自己的个人空间装点得绚丽多姿。

会办事的女人都知道，拥有几个死党，在人生的道路上，一起分享快乐，一起分担烦恼，等到满头华发、子孙满堂时，仍然可以一起坐在摇椅上，面带笑容地聊起年少往事。对女人来说，这该是一件多么幸福美妙的事情啊！

一般来说，聚会绝对是一个女人与老朋友联络感情的好机会，即使你再忙，也不要把朋友撇在一边，说不定哪天你就需要别人的帮助。不要等到那时再去找他，平时就做好人情"功课"，这是明智的选择。

一位七家连锁超市的负责人说："每当我在工作之余，收到一些来自老同学、老朋友的问候、礼物的时候，都会非常开心。朋友间更需要礼尚往来。礼可以简单随意，可情总要传达到位，不需要在节日来临时才往来，朋友间随时的往来，才能让友谊在惊喜连连中变得更加稳固。"

可见，礼尚往来是维系昔日好友之间感情的最佳手段，区区薄礼象征着浓厚的情意，来自友人的一切赠与均珍贵无比。所以小礼品是必备的，而且要根据不同的人的喜好来选择，这样很容易让人"爱礼及人"。

彼此相处得很好的朋友是以感情为基础，相互信任，融洽相处的。既然是朋友，往往性格相近，兴趣相投，根据对朋友的了解，可有针对性地挑选礼物，给他带来惊喜。收到礼物后，他往往会真诚地感谢道："还是你最了解我。"在朋友看来，最好的礼物不一定是最贵的，甚至可以花点时间陪他出去逛逛，相约一起去打球，看电影，爬爬山，这都是一份不错的礼物。

应酬场合要照顾大家的雅兴

会办事的女人在应酬的场合，会照顾大家的雅兴，会尽力营造饭桌上的融洽气氛，增进主客感情。那么，怎么做才能在饭桌上营造融洽的气氛呢？

首先，对请客对象的家人也要照顾周到。

古语云："独乐乐不如众乐乐。"女人请客往往会认为客人越多越快乐、越融洽，少了反而显得冷清。如果你要请客，先要考虑一下请他的家人的问题。比如，你专程要请某个客人吃饭，应该适当地邀请他的朋友、同事或家人，这样，更体现了你对这位客人的重视。

张颖要请王局长吃饭，事先到家里去接王局长。当时王局长的父亲带着三岁的小孙子也在家中。将王局长接到以后，张颖见王大爷抱着孙子也送出了门，就礼貌地笑笑说："您留步，不用送了！"

王大爷愣了一下，连忙笑着说："好好好！"说完就阴沉着脸，抱着孙子重新回到了屋子里。

张颖开车走到半路上，见王局长好像有心事，不知是怎么回事。吃饭时，张颖想方设法让王局长开心起来，可王局长却只是敷衍一下，总也打不起精神。最后，酒席不欢而散。

张颖总是想不明白，自己这么周到，这么热情，为什么王局长总是闷闷不乐呢？后来，她终于想明白了，原来那一天，王局长的妻子不在家，没人做饭。当时王大爷抱着孙子出门时，是想一起吃个便饭的，哪知道自己说了一句："您留步，不用送了"，就把人家拒绝了。张颖想到这里，后悔不已。

张颖事后总结教训："如果这一切可以重来的话，我一定会从王大

爷的手中接过孩子，问他一声'喜欢吃什么，阿姨给你买'，然后带着他们一家一起去吃饭，那样不是更好吗?"

其次，慷慨大度，切忌小气。

女人在请客的时候，如果表现出对价钱很在意，会使请客的效果大打折扣。

刘燕请朋友吃饭，本来是一件好事，但晚宴还没开始，刘燕就几次说错了话，显得自己很是小气，让客人感觉很窘迫。最后朋友虽然吃了刘燕的饭，但心里还是不领刘燕的人情。

究竟是怎么回事呢? 原来当服务员把菜单送上来后，刘燕看了一眼菜单，就转头对服务员说："你们这儿的菜怎么这么贵啊? 值不值这么多钱啊?"服务员微笑着跟她解释了一番，刘燕接着说："好吧，看看是不是真像你说的那样，否则我可不付钱啊!"

刘燕开始让客人点菜。客人的表情稍有不悦，只随便点了几个不贵也不便宜的菜。点完菜后，服务员问："两位要喝点什么吗?"刘燕看了一下饮料价格表，犹豫不决，还没等她说话，客人就看出她的心思，意味深长地说："算了，不喝了，饮料也那么贵!"刘燕一听这话，立刻笑得像一朵花似的说："其实饮料价格也还行，和其他酒店也差不多，但是酒太伤身，不喝也好。"就这样，本来是款待朋友的一顿饭，却让客人非常郁闷地走了。

再次，一定要让客人尽兴。

饭菜准备好了，请来了客人，客人想吃什么就吃什么，想喝什么就喝什么，主人不要有限制，不要说："别的客人还没吃呢，你就吃了?"如果对客人这么说，一定会引起客人的不快，也会扫了大家的兴致。

吴萍是一所中学的女老师。同事李青帮了吴萍一个忙，开玩笑似的对她说："怎么谢我啊?"

"请客！"办公室里的人都围着吴萍说。吴萍也很开心，觉得应该请客，尤其是要好好谢谢李青。

周末，吴萍买了不少好菜，李青还请了几个同事，一起到吴萍家里吃饭。李青来得很早，坐在餐桌前，闻着饭菜的香味，有点控制不住了。这时又陆续来了两个朋友，李青看人来得差不多了，就提起筷子，夹了一些菜放进口中，称赞说："味道真不错啊！"

吴萍笑着说："人家还没来呢，给他们留一点嘛！"话一说出口，立刻觉得不好，可惜已经收不回来了。李青仍然在笑，可是吴萍在她的笑容里看到了一丝尴尬的神情。

最后，不要破坏气氛。

如果请客地点是在家里，一定要注意家庭的和睦，别和家人吵起架来，否则会让客人觉得尴尬。请客吃饭是一件很需要费一点心思的事情，无论如何，保证酒桌上其乐融融的气氛，让客人吃好、心情好才是我们请客的真正目的。

王童请乔叶到自己家吃饭。王童的老公精心地准备了一桌菜，并且笑容满面地接待客人。菜一盘一盘地送上来。王童吃了一道菜，觉得味道不好，皱起了眉头，骂老公说："这个死老头子，乔叶好不容易来我们家吃一顿饭，你在菜里面放这么多盐，这菜怎么吃啊？真笨！"王童的老公一听，立刻火了，向客人控诉妻子的罪恶。王童一看，也不示弱，也向乔叶诉苦，说："你看，我这辈子就毁在这个男人的身上了！"这句话更是火上浇油，王童的老公跳了起来，要和妻子拼命。一场酒席不欢而散。乔叶本来是高高兴兴地来的，离开的时候却是满心的内疚，以为是自己造成了王童家庭的不和睦。

可见，应酬是一门学问。其中最关键的是，你是否能说好场面话。如果你的应酬话不伦不类，甚至有些伤人，那么结果就会适得其反。

巧妙地回绝敬酒彰显女人魅力

女人在酒桌上应酬时，如果既能不忽视酒桌上的礼仪，又能做到精细，就能很好地彰显女人魅力了。俗话说"无酒不成席"，在求人办事的时候，酒起到了重要的作用。如果不善饮酒，且有的饭局又不能不去，那该怎么办呢？所谓"兵来将挡，水来土掩"，在酒桌上要学会见机行事，凭借你的机智和口才来应对，这样就可以练就一身"推"酒功夫。下面几种方法是比较有效的。

第一种方法是以饮料代酒。

主动要一些非酒类的饮料，并说明自己不饮酒的原因。或者是让对方在自己面前的杯子里斟一些酒，然后轻轻以手推开酒瓶。按照礼节，杯子里的酒是可以不喝的。

第二种方法是注意暗示的运用。

当敬酒者向自己的酒杯里斟酒时，用手轻轻敲击酒杯的边缘，这种做法的含义就是"我不喝酒，谢谢。"当主人或朋友们向自己热情地敬酒时，不要东躲西藏，更不要把酒杯翻过来，或将他人所敬的酒悄悄倒在地上。

第三种方法是顺水推舟。

劝酒者采用的是欲抑先扬的战术：先恭维你是"高人"、是"朋友"，言外之意即是——如果你不喝酒，就不配为"高人"、不配为"朋友"。那么你可以反过来这样说："你要我喝酒简直是要我的命。如果把我当朋友，就不要害我。"言外之意是，你要我喝酒就不够朋友！因为劝酒者往往都有一个心理：喝也罢，不喝也罢，口头上都必须承认是朋友。抓住这个弱点予以反击，劝酒者碍于"朋友"的情面，不得不缄口。

第四种方法是"以攻为守"。

你可推说："自己酒精过敏。"这时你可少喝些酒，然后就装着酒醉，趴在桌子上，并在暗中给自己的好友发短信，向其求救，对方自然会给你打电话，此时你可借故离开。

第五种方法是用事实说话。

在各种宴会场合的酒桌上，女性常常是焦点人物，也是别人敬酒的主要目标。由于喝酒容易伤身，所以聪明的女性要会一点拒酒的艺术。一般用事实说话，便可以无懈可击。聪明的女人若能讲明实际情况，再配上得体的语言，会令劝酒者停止劝酒。

郭丽参加一个生日宴会，一个朋友称好久未曾和她见面，提出要和她痛饮三杯。郭丽说："你的厚意我心领了，遗憾的是，我最近一段时间身体不适，正在吃药，好久都是滴酒不沾，只好请你多关照。好在来日方长，后会有期，日后我一定与你一醉方休，好吗?"此言一出，这个朋友也只好罢手了。

第六种方法是行使温柔的利剑。

相当多"酒精（久经）考验"的拒酒者，任凭你天花乱坠地劝，她还是笑眯眯地频频举杯而不饮，而且振振有词。

李一水乔迁之日，特邀亲朋祝贺，下属王思思也在其中。然而李一水平素很少饮酒，且酒量"不堪一击"。

酒宴上，王思思提议和李一水单独"意思"一下，李一水深知自己酒量的深浅，忙起身，一个劲地扮笑脸，并说圆场话："酒不在多，喝好就行"，"天天见面，不必客气"，"你看我喝得满面红光，全托你的福，实在是……"结果使王思思无可奈何。

第七种方法是收拢圈套。

先不动声色，静听其言，等待时机，一旦时机成熟，抓住对方言辞

中的"突破口"，以此切入，反守为攻，使对方无言争辩，从而达到拒酒的目的。

刘朵朵新婚大喜之日，当酒宴进入高潮时，某"酒仙"似醉非醉、侃侃而谈，请三位上座的来宾一起一人"吹"一瓶。面对"酒仙"言辞上的咄咄逼人，三位来宾中的周峦站起来说："我想请教你一个问题，'三人行，必有我师'，这是不是孔子的话？"

"酒仙"随即答："是的。"

周峦见其已入"圈套"，便说："既然圣人说'三人行，必有我师'，你又提出要我们三人一起喝，你现在就是我们三位最好的老师，请你先示范一瓶，怎么样？"这突如其来的一击，直逼得"酒仙"束手无策，无言以对，只好作罢。

此番拒酒，周峦妙就妙在后发制人，抓住"酒仙"言辞中的切入点，提出问题，悄悄布下一个"圈套"，诱使其说出与自己相似的观点，然后"请君入瓮"，反戈一击，达到拒酒的目的。

第八种方法是说出后果拒酒。

饮酒是喝好，让客人乘兴而来，尽兴而归，而不是要喝倒。那种不顾实际情况的劝酒，说到底，也不过是以把人喝倒为目的，这充其量只能说是一种低级趣味的劝酒术，是劝酒之大忌。作为被动者，当酒量喝到一半有余时，应向劝酒者说明自己的情况。

比如："感谢你对我的一片盛情，我原本只有三两酒量，今天因喝得格外称心，我贪了几杯，再喝就'不对劲'了，说不上会出什么事，还望你能体谅。"如此开脱以后，你就再也不要喝了。这种实实在在地说明后果和隐患的拒酒术，能使善解人意者见好就收。

善饮酒、喜饮酒的女人也许是无所谓的，但对于确实不会喝酒、不能饮酒的女人来说，喝酒不亚于"一场灾难"。因此，你要在实践中成长，抓紧时间学会拒酒的本事，掌握应酬的技巧。因为只有学会一些有效的方法，才可以妥当、不卑不亢地达到拒绝的目的。

敏感的话题不去碰，
察言观色才能左右逢源

在酒桌上应酬的时候，对待敏感话题，反应一定要快。一旦做到避开不适宜的话题，你就可以轻松自在地去聊天，不必担心自己由于出言不慎而破坏愉快的气氛。所以为了避免引起不必要的误会，聊天时应该注意避开那些不合适的、不受欢迎的话题。

深谙"察言观色"之道的办事高手才更显其本领和魅力。懂得"察言观色"才能做到左右逢源，才不致使谈话中断、出现冷场。以下是几种常见的尴尬话题，要注意避免。

第一，伤害别人的话。

像笔误一样，女人说话也难免会有口误。如果你不小心出口伤人，说了侮辱他人的话，即便别人表面上装作不介意，但你自己也会感到非常尴尬。这时候，最好的方法就是真心实意地道歉。你可以说："对不起，我很后悔刚才那一幕。""很抱歉，我怎么样做才能弥补我的错误呢？""对不起，我真是没有脑子。""太不好意思了，请你原谅！"

第二，面对别扭的话题。

在交际场合，总有一些问题是你不愿意别人问起的。比如，你刚刚下岗，而别人却问你在哪里高就；你年过 35 岁还没有对象，别人却问你孩子多大了；你刚刚离婚，别人却问，怎么没有看到你老婆等一些比较私人的话题。但是如果有人不了解你的忌讳，问了这些让你尴尬的问题，你该怎么回答呢？

回答这些问题时，为避免自己尴尬，可以采取以下方法。

方法一，转移话题。如"说起工资的事情，你知道咱们市长挣多少钱吗？""我老婆？这倒提醒我了，你猜我刚才看到谁的夫人了？"

方法二，拒绝回答，但要讲究方式。如"噢，我觉得这个很难回答。""对不起，这个是我的秘密，我得保守。"

方法三，装作没有听到对方的发问，随意插入一些无关紧要的话题。如"我今天看到了一个非常有效的杀死蟑螂的方法。"

方法四，沉默。有时候，这也不失为一种好方法，你可以淡然一笑，对方就会感觉自己的问题有点唐突了。

第三，打招呼的敏感话题。

有人和你打招呼，而你看着面熟，但一时又想不起来对方的名字，这样对方会对你的这种反应感到尴尬，敏感的人还会很失落。

这时，你可以伸出手自报家门，大多数情况下对方会友好地回应。其实，在你忘记对方姓名的同时，对方也可能忘记你的姓名，先说出你的姓名也会缓解对方的不安，并为他提供自报家门的机会。

当然，最好的方法是尽量记住对方的名字。当你向别人递出名片时，出于礼貌，对方也会给你名片。当你接到别人的名片时，千万不要草草一看了事，而应该对着对方的脸孔，记下他的名字。这样有助于在下一次见面时能够顺利叫出他的名字，从而给对方一种亲切感。

第四，庸俗的笑话。

有时候，你自己认为很有趣的笑话，对另外一些人来说却很不雅。所以，在讲笑话之前，一定要了解自己所在的群体。但万一出了丑，怎么办？

这时，你应该迅速诚心地道歉，如"对不起，我不知道自己在想什么。""这真是太不合适了，我真是抱歉。"然后，等待他人转移话题。不要说："我没想到你们会那么想。"或者说"我觉得挺好玩的，可你们却不觉得。"这样会让别人觉得你在责怪他们，场面也许会变得更加尴尬。

以上几种情况的出现，实在是大杀风景。常言道，"一人向隅，举座不欢"。朋友怀着欢欣的心情坐到你的宴席上，只是为了互诉衷肠、互诉友情。只要不是什么特殊需要，尽可以随意一点。

如果你不是办事的高手，且你的经验也不够丰富，尽量要做到不去伤害别人，也不要去扫人家的兴。避开敏感话题，学会察言观色，你就可以左右逢源了。这样，你的受欢迎指数也会飙升的。

请客吃饭，"捧"主角也要照顾陪客

宴席上的交流是一个女人与别人沟通情感和交换意见的重要方式。如果在宴席中，女人对待朋友厚此薄彼，那不仅会得罪被怠慢的人，也会让被"礼遇"的人不自在，可谓是得不偿失。

应酬的时候，规矩很多，捧人可以说是人际交往中的一个大学问。生活之中，在很多特定的情形下，女人必须学会去捧场。而捧场，也并非完全局限于下级捧上级。特别是求人办事、请客吃饭的时候，既要捧主角，也不能忽视陪客。比如，如果没有特殊人物在场，碰酒最好按顺时针顺序，不要跳跃，否则就是厚此薄彼。

有一次，敬峦请客。宴席上坐着敬峦、科长以及敬峦的几位同事，圆桌上的酒菜已经摆不下了，可是敬峦还是一个劲地上菜，嘴上直说："没有什么好吃的，请对付着用点!"并站起来，把科长面前吃得半空的菜盘撤掉，接过热菜放在科长面前，热情有余地给科长夹菜、添酒，而对其他同事只是敷衍地说声"请"。面对这样"尊卑有别"的款待，敬峦的几位同事觉得很难堪，其中两位竟愤然起来，未等宴席告终，就因"有事"而告辞了。

虽然说做事时要有主次，但会办事的女人也会考虑周全。如果你为一个主角而忽视了所有在座的陪客，那么不但陪客会心有不快，主角也不会自在，所以请客时，要先创造出春风拂面般的和悦气氛，既要特别照顾主角，又要充分考虑陪客。

尽管人们的社会角色和社会地位不同，但都需要受到尊重，维护面子的精神需求是一致的。如果你忘记这一事实，与他们交际时，对重要人物"礼加三层"，让一般人冷落一旁，则会伤害后者的自尊和面子，从而失去一大批人。会办事的女人的精明之处在于，她们知道陪客同样重要。

张娇是单位的公关部主任，在工作中养成了热情待人的习惯，所以即使是平常的应酬、交际，张娇也都是笑脸迎人，从来不会怠慢任何一位朋友。

这天，张娇的丈夫请单位领导吃饭，张娇自然同席。席间，丈夫对直属上司——办公室的李主任非常热情，一个劲地夹菜、倒酒，生怕怠慢了。而张娇却非常大方得体地招呼着所有来客，甚至对一位初次见面的客人也是热情洋溢、招呼周到。

这位素未谋面的客人叫郭鹏，是张娇丈夫同事刘娜的丈夫，他是陪刘娜来的。虽然他不是宴席的主角，但张娇还是极尽热情地款待了他，郭鹏离开的时候很开心。

当天晚上，张娇夫妻二人收拾东西的时候，丈夫问她为什么对那些对自己没有"用"的人也那么热情，张娇说："过门就是客，我们不能只顾主角而忽略其他客人啊。再说，说不定将来有一天还会有事需要人家帮忙呢！"

一个月后，张娇的丈夫为评定职称的事去找经理，却在经理的办公室中见到了郭鹏。原来，郭鹏是经理的同学。一见面郭鹏就很热情地说："谢谢你们上次的招待，我玩得很开心。"经理一听原来两个人认识，很是好奇，三人于是热热闹闹地聊起来，当天还约定一起去喝酒。就这样，张娇的丈夫和经理以及他的好同学郭鹏成了朋友。

事后，张娇的丈夫对妻子说："多亏了你在那次请客的时候没有忽略'配角'，否则我今天也不会与经理相处得这么融洽。"

请客吃饭时，女人多半只会注意这群人中的主体，而忽略了其他人。但有时，如果得不到陪客的支持，事情同样不能圆满完成。你要知道，有时候一桩事是由很多人完成的。所以，与众多人会面时，除注意会面主体外，还要照顾其他客人，因为可能大家都与这件事有关，都在关心它。

在酒桌上聊天的时候，尽量不要窃窃私语，要选大众化的话题，这样会得到多数人的认同。不要因为自己喜欢某一个话题，就抓住不放，也不管别人是不是感兴趣，更不要选太偏的话题，这样就会在无形中就会冷落一部分人。

宴席是中国人社交的利器。女人只有在酒桌上交下了真朋友，才容易得到别人的帮助，这已经成了人情世故中的一个定律。所以，千万不能在酒桌上厚此薄彼，一定要照顾好每一位客人的感受，无论他是不是主角。

送礼即送情，有礼好办事

女人在办事的时候，人际交往的规则是：先礼后利。我们所处的这个社会，处处都离不开礼。朋友之间要送礼，恋人之间要送礼，上下级之间也要送礼。礼物变成了人情的象征，有礼在，就可以很好地办事。送礼，在求人办事方面，更是推波助澜的有力武器。

周美还是业务员的时候，就从公司的销售网络里发现了一个大客户。但是令周美尴尬的是，这个客户曾与周美公司的一个经理闹过不愉快，以至于周美备受冷落。但她又不忍心就这样将其舍弃了，正当周美无计可施之际，她发现客户的书架上摆放着许多石头，顿时计上心来。

第二天，她找了两名女工到河边捡了一些别样的石头，并仔细将它们分类整理好，打包成礼品的样子送给了那个客户。当她把石头拿出来

时，客户顿时两眼放光。石头虽不值钱，但对喜欢收集石头的人来说，这是世上最好的礼品了。

就这样，客户开始注意起了这个年轻的小姑娘，并在不久后跟她合作了一笔生意。也正是这笔生意，让周美轻松地坐到了销售经理的位子上。

俗话说："舍不得孩子套不住狼。"舍不得花钱就往往办不成事。如果在送礼时斤斤计较，患得患失，这样既达不到目的，有时反而会坏了大事。但是女人在送礼的时候要用心，最好选择一些独一无二、有品位的礼物，这才能达到锦上添花的效果，既让对方感到欣喜，也让对方对你的眼光有所欣赏，乐意亲近你、帮助你。

日本人之所以生意做得好，是因为日本人想得周全。小礼物是日本商务交际中的必备品。调查研究表明，日本商品能成功打入美国市场，其中的秘密武器是日本人的小礼物。礼尚往来，是人之常情。其实，很多时候，对方在乎的并不是送去的礼物，而是一种得到尊重和重视的感觉。恰到好处的礼物，能表现出我们的真诚和情谊，还能拉近我们和对方之间的关系。

一般来说，求人办事时，小礼物是必备的，可根据不同人的喜好来选择，让人"爱礼及人"。但是，礼物一般都有其明显的象征意义，不宜贸然给别人送昂贵的礼物，这意味着别人要做出相同的付出，没有人愿意拿自己大半的利益跟你换的。

由此可见，偶尔送些小礼物给对方，能为你带来更大的利益和好处，因此，会办事的女人常常会用到这一招。

礼多人不怪，应酬中的礼节不可忽视

在交际应酬中，如果你能做到礼貌周到，就能赢得众人的好感，受人尊敬。礼多人不怪，这是女人多结人缘少结人怨的一种应酬技巧。相反，如果你言行粗鲁或者傲慢无礼，只能引人嘲笑，令人讨厌。

高笑笑是一家传媒公司的最高女领导，高级职员去见她时，她不但坐着不动，也不屑回对方一声，而且不肯注视对方，来人只好站在旁边说话，真是架子十足。有时碰到她不高兴，或认为对方说的话不对，她竟始终不开口，好像听而不闻，视而不见，对方会落得一场没趣，只好悻悻退出。她对高级职员都如此，对其他下属，当然可想而知。

就是对待朋友，她同样也表露出爱答不理的神气，当然，没有人会真心喜欢她。当她得势的时候，大家只敢在背后批评，当面还是恭维，还是奉承，但心里都极其厌恶她。后来她失势了，一时攻击她的人非常多，当然可能还有其他重要原因，但是，她平时傲慢无礼的态度是主要的原因。

《诗经》中说："相鼠有皮，人而无仪；人而无仪，不死何为！"人在社会上，要多结人缘、少结人怨，而多礼便是一件必要的工具。礼是人为的，是后天习得的，必须用心去学习。当多礼成为习惯后，便能行无所碍了。

不要认为多礼是虚伪的，它能影响到人与人之间的感情。女人要想在社会上吃得开，就必须养成人到礼到的习惯。正如孔子所说："不学礼，何以立。"多礼不仅表现在你的表情上，还表现在你的言语行动上。

某高校有一批应届毕业生，毕业时到上海一家实验室实习参观，全体同学都坐等上层领导的到来。这时，有一位秘书给大家倒水，同学们表情木然地看着她忙活，其中一个还问："有红茶吗？天太热了。"当秘书给一位叫许娜的同学倒茶时，许娜真诚地说："谢谢您，大热天的，辛苦您了！"秘书高兴地看了许娜一眼，虽然这是很普通的一句客气话，却让她高兴万分。

过了一会儿，领导进来和大家打招呼，实验室里却显得静悄悄的，没有一个人回应。许娜左右看了看，带头鼓起掌来，同学们这才稀稀落落地跟着拍手。领导挥了挥手，说："欢迎同学们到这里来参观。平时这些事是由办公室工作人员负责接待，因为我和你们的导师是老同学，关系非同一般，所以这次我亲自来给大家介绍一些情况。王秘书，请你去拿一些我们部里印的纪念画册，送给同学们作个纪念。"

接下来，大家都坐在那里很随意地用一只手接领导递过来的画册。领导的脸色越来越难看，当走到许娜同学面前时，已经快没有耐心了。就在这时，许娜礼貌地站起来，身体前倾，双手接过画册，恭敬地说了一声："谢谢您！"领导闻听此言，觉得眼前一亮，伸手拍了拍许娜的肩膀："你叫什么名字？"许娜照实回答了。领导微笑地点头，然后回到了自己的座位上。早已汗颜的导师看到此景，这才稍微松了一口气。

几个月后，只有懂礼貌的许娜收到了该实验室寄来的接收函。

可见，做人要懂得礼貌，这是最起码的要求。礼貌是友好关系的敲门砖，多礼不仅表明自己有修养，还表示尊重别人。当然，多礼的同时还要做到诚恳，否则，会给人留下虚伪的印象。俗语说：人熟礼不熟。女人只有做到晏子的"久而敬之"，才能在人际交往中受益匪浅。

办事送礼要找准时机和场合

送礼大多数时候并不在乎礼物的多寡，送得不是时候或送错了礼，即使礼多对方也不会高兴，这样非但达不到预期的效果，还会让事情变得更糟糕。通常，会办事的女人会找准时机和场合，把礼送得恰到好处，那么，礼物再小对方也会乐意接受，有时小礼物反而会成为人际沟通的最好的纽带。

在公司这两年杨璞发展得不错，受上司恩惠颇多，一直想找个机会向领导表示一下，但找不到合适的理由。

一天，她和同事去上司家做客，偶然发现上司红木镜框中镶的字画给人的感觉是一幅拓片，跟家里雅致的陈设不太协调。正好她一个朋友的父亲是全国比较有名的书法家，她手里正好有一幅他的作品。

于是几天后，杨璞又来到上司家中，借口说喜欢上司家里那幅作品，想用朋友父亲的字来换。上司本来就不太满意家里的这个东西，看有更好的书法作品，当然非常乐意。于是杨璞就马上把字画拿来，主动放到镜框里，上司十分喜爱。

会办事的女人往往是一个会送礼的高手，在中国这个讲人情的地方，会送礼的人的事情往往会更好办。俗话说"礼尚往来"，礼物不分贵贱，关键是要送到人家心坎里，有了这份人情，下次办事时自然容易得多。

其实，礼物是感情的载体，每件礼物都有着它独特的意义。你偶尔送出的一份小礼物，也是"卖"给对方的一份人情。如果你害怕自己送礼被拒绝，不妨找一个冠冕堂皇的理由。

　　比如，如果你送的是高级烟一类的东西，你可以说是别人送你两条烟，来和对方共享，这样自己用一条，送对方一条，礼送了，关系也近了；如果你送的是土特产品，可以说是自己家产的，不是特意买的，分一些给对方尝尝鲜，这样自己又没花钱，对方还很愿意收下。

　　再比如，若你送的是实用物品，可以告诉对方，这东西在我家摞着也是摞着，让他拿去先用，日后买了再还。

　　但是在送礼的时候，礼品不要过于贵重。礼品是为了加深感情而送的，不在礼品价值，而在这份情谊。如果是赴私人家宴，可以适当地为女主人带些小礼品，如花束、水果、土特产等。或者为主人家的孩子送些玩具、糖果。还可以以新年、圣诞节为借口送日历、糖果、茶、酒、烟等。

　　值得注意的是，在送礼的时候，不要过分谦虚地说"一点薄礼，不成敬意"，"只有一点小意思"等话语，也不要用一种近乎骄傲的口吻说"这是很贵重的东西"。最好在动作和语言上表现出平和友善、落落大方，这样对方才会乐于接受。那种做贼似的悄悄地将礼品置于桌下或房间某个角落的做法，不仅达不到馈赠的目的，甚至会适得其反。

　　可见，送礼是一门艺术，关键要能够抓住对方的心。实际上，并不是所有的送礼行为都能达到自己想要的效果，只有把礼送到别人的心坎里，才能得到对方的喜爱，才能拉近彼此之间的关系。

　　因此，送礼有约定俗成的规矩，送给谁、送什么、怎么送都很有奥妙，决不能瞎送、胡送、滥送。讲究谋略，才能事半功倍。礼物太轻，很容易引起别人的误解，认为看不起其人。礼物太重，会有行贿之嫌，特别是对上级、同事更应注意。

迎、待、送客的礼节与技巧

俗话说："出迎三步，身送七步"。在应酬中，迎来送往，是社会交往接待活动中最基本的形式和重要环节，可以表达出自己的情谊和礼貌。尤其是迎接，它是给客人留下良好第一印象的最重要的工作。以下是几个相关的小技巧。

1. 了解对方的相关资料

首先要了解对方到达的车次、航班，安排与客人身份、职务相当的人员前去迎接。若因某种原因，相应身份的主人不能前往，前去迎接的人员应向客人作出礼貌的解释。

2. 时间代表礼貌

主人应提前到达车站、机场，恭候客人的到来，决不能迟到让客人久等。若迎接来迟，必定会使客人心里产生阴影，事后无论怎样解释，都无法消除这种失职和不守信誉的印象。相反，客人看到有人来迎接，内心必定感到非常高兴，这样就会为以后办事打下良好的基础。

3. 注意见面时的问候

当你接到客人后，应首先问候"一路辛苦了"，"欢迎来到我家"等。如果是商务方面的接待，你要先向对方作自我介绍，如果有名片，可送予对方。

4. 提前为对方安排交通工具和住宿地方

首先，应提前为客人准备好交通工具，不要等到客人到了才匆匆忙忙地准备交通工具，那样会因让客人久等而误事。然后，带客人到晚上住宿的地方，帮客人办理好一切手续并将客人领进房间，并为客人介绍相关的情况，将活动的计划、日程安排交给客人。

但是，不是说你做完这些就大功告成了，还要稍作停留，与客人热

第八章 提升女人的交际应酬能力

情交谈，并且要注意谈话的内容要让客人满意。

如果是公司的商务活动，还会涉及相关的接待礼仪。首先，接待人员要品貌端正，大大方方，受过专门的礼仪、形体、语言、服饰等方面的训练。其次，接待人员要服饰整洁、端庄、高雅，尽量化淡妆。客人坐定后，要诚心诚意地奉茶。若对方找的人不在，要明确告诉对方该人所处的地点、归来的时间，请客人留下电话、地址，让客人回访或者让该负责人到对方所在地。如果是负责人由于某种原因不能马上接见，要向客人说明等待理由与等待时间，还要为客人提供饮料、杂志。另外，接待人员还应该知道相关的引导方法和引导姿势。

比如，在电梯上，接待人员应先进入电梯，等客人进入后关闭电梯门，到达时，接待人员按"开门"钮，让客人先走出电梯。

再比如，在客厅里，要用手指示，请客人坐下，看到客人坐下后，才能行点头礼后离开。

在对方提出告辞的时候，不要没等客人起身，自己先于客人起立相送，这是很不礼貌的。当然，如果你无视对方这句话，只顾着忙自己的事情，连眼神都不给对方，也是不礼貌的。最佳的方式是，当对方起身告辞的时候，你要主动为客人取下衣帽，帮他穿上，与客人握手告别，同时还应该说"欢迎下次再来"等礼貌用语。尤其是对初次来访的客人，更应热情、周到、细致。

接待客人的礼仪，是尊重对方的行为体现，也是一种形式，两者相辅相成，缺一不可。它是一种交往艺术，待人接物之道。它要求彼此要保持适当的距离，而不是"热情越位"。

让饭局成为人际交往的桥梁

饭局是亲朋故交之间沟通交流的桥梁。所谓人脉，所谓圈子，所谓社会关系，所谓资源，所谓友谊，所谓生意和交易，很多时候是绕不开饭局的。

张琴是一家公司的女经理，她在做每周工作计划的时候，总是先确定她要同哪些人碰面，然后安排与她业务目标有关的人士聚餐。她们可能是客户，也可能是朋友，或是某些有影响力的人，也有可能是潜在客户或其他人。

只要在街上遇到她认为应该邀请的人，她就会提议去饭店吃饭。一般来说，一周会有四次正式的早餐、午餐和两次晚餐。因此她无论多繁忙，仍然有 10 次面谈机会，并使客户在很愉悦的时间里加深对她的印象。

这是极简单却非常有效的方式，毕竟，自己吃饭也需要时间。另外，在饭局上，女人的情绪大都会非常好，更容易与他人结成深厚的友谊。拜访 10 位客户需要花费许多时间，可是运用饭局拜访客户，在还没展开正式工作之前，就已经见了 10 位客户了。大部分像这样的吃饭机会，不但可以进一步加深与客户现有的关系，甚至能得到某些很有价值的回报。

"饭局"满足了彼此联系的需求，使双方在觥筹交错之间传达了情谊，沟通了思想。女人可以借助饭桌上相对轻松的氛围，聊一些双方都感兴趣的话题，这样常常能在最短暂的时间内加深了解。此外，在酒精这种催化剂的作用下，彼此从陌生到熟识，从熟识到亲密，在以后办事的时候，女人往往可以通过这种关系求助于对方。

不过，在聚会或活动上，不可太过急功近利。你的谈话一定要有弹性，不要做硬性推销。重要的不是你做了什么，而是人们是否接受你的这种方式，最好的方式是不要谈工作。因为这仅仅是扩大人脉的一种方式。

晚上韩剧《人鱼小姐》最后一集。王静正想着看大结局，结果朋

友任盈打来电话，邀请王静到喜迎宾酒家一聚。王静感到为难，但还是爽快地答应了对方。

去喜迎宾酒家喝酒的还有任盈的其他几个朋友，其中包括英俊阳光的张建。王静的座位恰好挨着张建，两人在酒席中谈得非常投机。恰好张建也是个电视剧迷，他托他的母亲买了《人鱼小姐》这张碟，并邀请王静到他家看碟。王静爽快地答应了，并约好了时间。后来两人的关系顺利向前发展，结为伉俪也就是自然的结果了。

如果在任盈邀请王静时，王静一味地考虑这次宴席对她没有什么现实的好处，她就有可能拒绝邀请。社交的妙处并不在于它能一下给予你什么东西，而在于它总能够给你提供这样成那样的机会。

人们在饭局上花的时间大体上不会白花。据权威机构研究，世界上80%的谈判是直接或间接在饭桌上完成的。饮食在衣食住行中占有重要的位置，每个人都需要吃饭。

作为社交方式的饭局，可以向对方传达不见外的信息，代表亲近，即认同对方是自己人。要办的事先不说，先吃，这样就没有势利感，事不成就喝酒，也不伤面子。

如果你每年有 200 次机会，和一些可以为你生活带来正面效果的人一起吃饭，可以想象你在个人和事业两方面，一定都会有所成长。因此，你应积极参加饭局，或者组织，并在这个过程中去认识更多的人，为自己搭建更多人际交往的桥梁。

第九章
聪明女人不依赖人，但懂得借力

与其打着灯笼去寻找黑夜中的路，不如踩着成功者的脚印前行。会办事的女人会很好地借鉴贵人的经验，并将其变为自己一生的财富。当然，贵人给予女人的一次扶助、一次机会，通常都不是女人们用聪明、努力和金钱可以换来的。

将大人物变成自己的"圈里人"

在女人的一生中，"贵人"是不能忽视的积极力量，而要想在关键时刻得到贵人相助，就要将他们变成自己的"圈里人"。

俗话说，你想成为什么样的人就和什么样的人在一起。有本书中有这样一句话：和狼生活在一起，你只能学会嗥叫，而和那些优秀的人接触，你就会受到良好的影响，并耳濡目染，潜移默化，成为一名优秀的人。

2005年1月28日，赖斯出任国务卿，她是继克林顿政府的玛德琳·奥尔布赖特之后美国历史上第二位女国务卿。

除了决心和努力，真正改变赖斯命运的是约瑟夫·科贝尔教授。科贝尔教授是前中欧国家的外交官、前国务卿玛德琳·奥尔布赖特的父亲。某一个春天，赖斯参加了科贝尔教授的讨论课。在课堂上，科贝尔教授关于苏联和斯大林统治时期的历史的一段讲述，激发了赖斯研究苏联问题的热情。

从此，赖斯坚定不移地跟随科贝尔教授。这位身兼学业上的导师和"明智的父亲"双重身份的人，像伯乐一样，发现了赖斯这匹难得的千里马，不能不说，与科贝尔教授结识，成为赖斯人生的转折点。

科贝尔教授和他的国际关系课，对赖斯来说都是不可多得的财富。科贝尔倾其所能地指导赖斯，将她引向国际关系和苏联政治的领域。此时的赖斯对俄罗斯文化的一切，包括文学、艺术、音乐等都十分感兴趣。已经掌握了法语、西班牙语、德语的赖斯，开始迫不及待地学习俄语。因此，可以说科贝尔在赖斯的生活中扮演了一个决定性的角色。

无论在职场上，还是在生活中，都不要"站错队"，要看清自己的位置，分析你身边人的位置。只有与"大人物"站在一起，你的人生才能有更多的机会。

很多时候，在与他人的交往中，我们要学会把"大人物"拉近我们的圈子里，因为他们对我们的帮助是不可低估的。2004年中国百富榜上60%的企业家最看重的十大财富品质中，"机遇"排在第二位。而"机遇"的潜台词是"人脉"，人际关系越好，机遇相对就越多。同时，商场上也有一句话是："天大的面子，地大的本钱"，指的就是利用朋友换取机会，赚取金钱。所以，一个人的成功，很大程度上取决于他有多少朋友，而这些朋友又给他带来了多少机会。综上所述，如果我们能结交一些优秀的"大人物"，我们就可以学习他们的优点，在他们的资源网中找到有利于自己的东西。

想成为"大人物"，就先进入"大人物"的"圈子"，这样你才有更多的机会去实现你的梦想。"大人物"之所以能成为"大人物"，他身上必定有异于常人之处。与这样的人相处，你才能学到东西，你的"身价"才会逐步提高。

善于借鉴他人经验

正如曹操所说："吾任天下之智力，以道御之，无所不可。"聪明的女人总是善于从别人身上汲取智慧的营养以补充自己。事实上，做"第二个吃螃蟹的女人"，善于借助前人经验"吃"得有水准、有突破，则更令人佩服。

一家大公司招聘高层管理人员，九名优秀的女士脱颖而出，闯进了最后一轮的复试。

复试是由老板亲自把关的,他把这九个人随机分成甲、乙、丙三组,指定甲组的三个女士去调查婴儿用品市场,乙组的三个女士去调查妇女用品市场,丙组的三个女士去调查老年人用品市场。

老总说:"录用你们,是要你们去开发市场的,所以,你们必须对市场有敏锐的观察力。现在我把你们分成了三个小组,希望你们全力以赴。"大家一个个也都暗中较劲,希望自己成为最优秀的那三位。临走的时候,老总又交代她们到秘书那领取相关行业的资料,以避免盲目展开调查。

三天后,九位女士都把自己的市场分析报告递到了老总那里。老总看完后,站起身来,走向丙组的三个人,分别与之握手,并祝贺道:"恭喜三位,你们已经被录用了!"

看着大家疑惑的表情,老总说:"请大家找出我叫秘书给你们的资料,互相看看。"

原来,每个人得到的资料都不一样,甲组的三位女士得到的分别是本市婴儿用品市场过去、现在和将来的分析资料,其他两组也类似。而只有丙组的三位女士互相借用了对方的资料,补齐了自己的分析报告。老总还了解到,在这个过程中,丙组的三位女士还时不时地询问对方的情况,借鉴彼此的经验,当然,包括失败和成功的经验,这样就节省了完成任务的时间。而甲、乙两组的女士却分别行事,不去学习队友的经验,自己做自己的,形成的市场分析报告自然不够全面。这样,老总自然不会用她们了。

老子说:"故善人者,不善人之师;不善人者,善人之资。"聪明的女人会仔细观察他人的行为,向能者求教,学会用他们的思维和角度来分析问题,并对比自己作为局外人的想法,这样就会很容易地找出其中的差异,发现自己的不足,从而学会自己不懂的东西。或者是找出对方的不足,以此作为自己的镜子,避免自己犯类似的错误。这样,尽管自己与这些人无同样的经历,也能在短时间内获得同样的甚至更深刻的体验。结果,一旦自己遇到所体验过的事,成功的可能性就大得多。

一般来说，一个女人的体验是有限的，重要的是应通过向多数人的体验学习，接受多数人的经验，获得多方面的培养。也就是说，通过与人交往，从多数人的体验中学习。

　　反过来说，一个女人即便能够凭个人的能力取胜，但也往往只能昙花一现，不会维持得太久，原因是她们总有江郎才尽或者心力交瘁的一天。而会办事的女人懂得和善于利用别人的智慧，这样往往能够干大事。

　　俗话说"一根筷子易折，一把筷子不易断"，讲的就是一个女人的力量是渺小的，只有更多地学习别人的经验，才能有更多的力量可借助，才更容易成功。女人要想成大事，借鉴他人的经验，可以使你如站在巨人的肩膀上一般，给自己一个较高的起点以开始自己的成功之旅。前人的理论、实战经验都能为我们提供良好的"营养"，从而使我们迅速强大起来，并获得成功。

　　通常情况下，人们敬仰敢为人先的成功者，然而更佩服善借他人经验而突破前人、突破自我的成功者，做"第一个吃螃蟹的人"要有勇气，要冒风险，不一定人人都能做到，而第二个就不同了，他们拥有经验可借鉴，拥有更多的智慧，能比第一个人做得更出色。

　　总之，女人在做事的时候，懂得借鉴他人经验，能够让自己省去很多时间、精力，从而大大缩短到达成功的路途。

找对自己的人生导师

　　恩师是我们成长的领路人，他教导我们如何做人，如何做事，如何选择，帮我们把握正确的人生航向。通常，一个女人即便有才华，如果不能得到恩师的指点，往往很难有出人头地的机会。

张丽丽因为车祸留下了残疾，走路一瘸一拐的，因此，她很自卑。为了不被同学们笑话，她从此不再上体育课。

有一次体育课，杨老师听了她的理由之后说："你和我们一起做广播体操总可以吧？"看着杨老师征求的眼光，张丽丽同意了。在一套广播体操之后，杨老师又安排了跳高训练。同学们一个一个都跳了过去。轮到张丽丽的时候，她气愤地说："不行！你明知道我这个样子，为什么还要让我跳？"

"你看这高度！你一定能跳过去的！为什么你就不能跳过去呢？"杨老师激励她说。

愤怒的张丽丽疯了一般地向横杆冲去，并顺利地跳过了横杆。下课之后，杨老师拍着张丽丽的肩膀告诉她："以后不管什么时候都不要给自己设限，而且要把横杆不断往上抬！"

这次事件之后，张丽丽恢复了自信，走出了自卑自怜的阴影，她不再逃避。

大学毕业后，张丽丽走上了社会。每每在事业上徘徊不前的时候，就想起杨老师的那句话。

恩师给了张丽丽一种理念，剩下的就靠她自己用这种理念救自己走出每一次的人生低谷。当然，这只是一方面。在人生的起步阶段，恩师还是我们潜在的贵人和靠山，把握得好便能让你更快地脱颖而出。

会办事的女人懂得如何运用资源。她们在成功之前会发现自己缺少一些东西，无论是态度，还是意识、技能、习惯、技巧、策略，而找到一个恩师是迅速弥补自己不足的捷径。恩师如同向导，他们往往熟悉已经攀登过的高山，知道哪里有曲折，哪里有陷阱。他不仅知道什么该做、值得去做，而且知道什么不该做。这是一条捷径——聪明的女人往往懂得规避掉别人常犯的错误，进而减少时间和金钱的浪费。

成功的女人都曾经跟一个或者多个老师学习过。她们能认真吸收所有的信息，学习掌握这些老师传授的知识。她们不仅学习他们认识事物的方式，更重要的是会像他们那样去思考，以便取得他们取得的成果。

如果一个女人仅仅依赖于自己的知识、自己的经验、自己的资金、自己的资源，那么，通往成功的道路将是漫长的。通常，自己的资源被耗尽，也会丧失掉继续向成功奋进的信心。无论是资历还是财力，恩师都会高出我们一截，因此能够得到恩师的赏识，便是你人生的一大幸事了。而找到恩师作为自己的靠山，更易让自己成就一番事业。

在中国，不论在何种行业，"老马带路"向来是一种传统。有一份调查表明，凡是做到中、高级以上主管的，有90%都受过栽培；至于做到总经理的，有80%遇过贵人；自当创业老板的，竟然100%都曾被不同等级，不同领域，不同身份的恩师提携与扶助。

众所周知，如今早已不是"酒香不怕巷子深"的年代了，有才华的女人也不能待在家里等着恩师上门发现自己。事实上，这个世界上自认为有才华的女人多了，所以，你要抢先被恩师发现，就要先学会推销自己，展示自己的才能，让恩师看到你的本领，这样就会有了被提携的机会。

找准你的"黄金搭档"

俗话说：孤掌难鸣，独木不成林。女人在办事的时候，会经常寻求他人的帮助。只有有合作意识，走共同创业的道路，才更容易出人头地。最好的合作，就是优势互补，这就要求你要找准你的"黄金搭档"。

刘晶晶、宋月是某皮革公司的两位职员，厂长要在她们两人中选一个人提升为销售科长，但不知选谁更合适。

刘晶晶的工作可以说是无懈可击，她很爱与各部门竞争，总想击败对方，在专业技术方面比对手宋月强；宋月的工作显然没有刘晶晶出

色，但她知道如何与别的部门配合，并与每一个人都能很好地合作。她力求在各方面配合公司的目标，常找时间去各部门看看，了解别的部门的职责和问题，借以增加自己的知识。

最后，厂长选了宋月。厂长说："刘晶晶是我们工厂最好的领班，但她的事业眼光太狭窄，把自己局限在专业中，限制了晋升的机会。如果只把自己局限在专业里，而不晓得合作的重要性，那至多不过是一个熟练的技术人才而已。"

所谓"红花还要绿叶扶"，"七分努力，三分机遇"。联合的力量是强大的，互助的作用是不可或缺的，这样才能各取所需求得双赢。在生活中，我们经常看到有些女人不仅拥有精湛的技术，还拥有很强的个人能力，却总是独来独往，离群索居，不善于与他人合作。实际上，没有别人，特别是没有"贵人"的帮助，我们会陷入孤立之中，并很快被竞争的大潮所淹没。即使能坚持下去，但累死累活地干了一辈子，还是如当初那样两手空空。

正如萨加烈曾说："如果要求我说一些对青年有益的话，那么，我就要求你时常与比你优秀的人一起行动。就学问而言或就人生而言，这是最有益的。"如果你是一个想成大事的女人，就一定要多找一些优秀的人作为自己的"黄金搭档"。因为在办事的时候，优秀的朋友总不忍坐视我们的颓丧，而会时常鼓励我们，使我们增加勇气。

一位父亲曾给儿子这样的忠告："在学校要和一流人物结交，有能力的人不管做什么都会成功……"在办事的时候，年轻的女人之所以容易失败，是因为不善于和优秀的人合作。还有一种情况是，不少女人总是乐于与比自己差的人合作，因为这样能产生优越感。可是从不如自己的人当中，我们显然是学不到什么的，这样的合作也会有欠缺。而与比自己优秀的朋友搭档，能促使我们更加成熟。

所谓的"明君贤相"就很好地利用了优势互补这个道理。在办事的时候，聪明的女人会寻找最佳的"黄金搭档"。这样你就可以用你的优势，去弥补对方的劣势，并以此换取对方的优势来弥补自己的不足。

会办事的女人明白，人与人的合作不是力气的简单相加，而要比这微妙和复杂得多。假定每个人的能量都为1，那么10个人的能量可能比10大得多，也可能比1还小。最重要的是，你要先充实自己，让自己散发出无比的魅力，然后再吸引优秀的合作者向你靠近。这样的"黄金搭档"才能如鱼得水。

尽显"女色"，与男同事和谐相处

办公室里，不少女性通常都与男同事形同陌路，交流不多。她们认为，只要做好自己的工作就行了，与他们有什么关系呢？的确，在工作中要凭借自己的能力，但是如果你在办公室是一个非常受欢迎的女性，那么无可否认，你工作起来一定比那些沉默不语的女性更轻松和容易。

聪明女人懂得，如今早已不是"男女授受不亲"的年代了，女性不应该杜绝一切异性交往，反而应该善用"女色"，与男同事和平相处，在自己的周围营造一种和谐的工作气氛，并在这种氛围中，凭借自身的实力和才干，创造出一片天地。

不过需要注意的是，我们说的是"女色"而不是"美色"，不是教你脑袋空空做"花瓶"，以美色迷惑男人。而是让你善用自己女性的魅力，吸引异性，并让同性对你表示友善。

事实上，并非每一个女人都天生漂亮或性感，但可以肯定的是，每一个女人都具有天生的女性魅力。那么什么是女性魅力呢？或者是温柔的气质，或者是甜美的笑容，或者是悦耳的嗓音，再或者是得体的妆容……

所以，作为一名职业女性，无论漂亮与否，都要善用自己的性别优势，成为办公室里耀眼的"星星"。不要以为只有漂亮的女人才招人喜欢，尽显"女色"同样让人愿意接近。如果你是办公室女性，不妨试

一试以下方法来施展女性的魅力。

1. 控制眼泪，赢得男同事的尊敬

生活中，眼泪似乎是女人的专用品，但是在工作中，一定不能随便掉眼泪，工作需要的是你果断干练的一面，而你的眼泪会让别人觉得你是软弱的，不能胜任工作的，他们会因此而轻视你。

工作场所不可太女性化，柔弱、情绪化、被动、犹豫不决都是不应该有的表现。当然，性别是不能改变的，作为女性，也不能把自己过于男性化，不要表现得过于冷酷、倔犟。

2. 温柔话语，化解男性的刚烈脾性

同事之间相处，总是会有发生冲突的时候，对于女性来说，化解冲突的最好方法就是女人的温柔。比如，当你和办公室的男士意见不统一时，先别急得脸红脖子粗，应该保持微笑，用温柔的语言化解僵局。

男人都是要面子的，他们即便心里承认自己输了，面子上也不肯输给一个女子。他们通常都是吃软不吃硬的，当你摆出愿意妥协的姿态时，他往往会被你"软化"，妥协得比你更彻底。

此外，女性应当注意培养自己的幽默感，因为在适当时机加入适度的幽默，不但可化解僵局，还可消除双方的紧张和压力。尤其在职场上，男人免不了说些"男性段子"——和政治、时事、两性相关的段子，如果女人能在不失矜持的情况下灵活运用段子应对某些尴尬局面，也不失为一种为自己增分的巧妙方式。

3. 聊男人感兴趣的话题，建立异性友谊

一个女人得到男同事的欣赏甚至喜欢，对自己的工作绝对是有好处的。比如，当你遇到困难的时候，他们会热心地为你提供帮助。

所以，你要试着与他们交朋友，而要获得一个人的好感，方法之一是谈一些对方感兴趣而你又有所认识的话题。一般来说，男人感兴趣的话题通常和各种球赛、汽车等有关，了解了对方的兴趣，你就可以在与其聊天的时候，偶尔也发表一点儿评论，说不定能引起共鸣，或者让他不禁对你刮目相看。

另一个和男士建立友谊的方法是，和他们保持礼貌性的肢体接触。

例如，开会时你可以坐在想建立友谊的对象旁边，在适当的时机，偶尔拍拍他的肩膀，表示支持和鼓励。研究显示，身体的接触是拉近人与人之间距离的好方法。让他成为你的朋友，就算他不能成为你的动力，起码不会成为你升职的阻力。

4. 适时赞美鼓励，突破对方心理防线

对男人来说，同性的 100 句鼓励，也没有女性的一句赞美有效。有人说，男人努力奋斗的一个很大精神支柱就是女人的崇拜和欣赏。所以，女人不要吝啬赞美，当你觉得某位男同事表现突出时，不妨大方地说出你对他的肯定，使用"你真行"、"令人难以置信"之类的赞美语句。这不仅能给对方极大的激励和勇气，让其更具自信心，也容易突破对方的心理防线，赢得对方的友谊。而且你对他们的评价越高，他们表现得越好，还会乐于为你提供种种服务，例如开车送你一程、帮你拿资料等，使你在工作上增加一份动力。

5. 虚心请教，让他乐于帮助你

男人在任何时候，都非常乐意被别人请教。好强是男人的天性，在女人面前他们总是喜欢扮演照顾别人的角色。当女人就某些问题征询他们的意见时，他们会觉得自己受到关注、被他人需要、被他人敬重，于是也就非常乐于提供各种意见。所以，向他们请教，往往会得到很大的帮助。

6. 善解人意，赢得男性信任

情感是联系同事关系的重要纽带。作为一名女性，要想获得不错的人缘，不妨发挥自己的女性优势，善解人意，关心同事。其实，在任何时候，善解人意的女人总是受男人欢迎的。

在公司里表现得善解人意，会令男同事觉得与你共事是一件幸运的事。而你的善解人意，也会让他们更愿意帮助和接近你，比如在你遇到难题时给予鼎力支持，他们在碰上棘手问题时也乐意听取你的意见。

7. 控制自己的情绪

动辄就发脾气的女人是不会招人喜欢的，甚至会被男同事看做是神经质，并让他们敬而远之。在工作中，女性感到的压力通常比男性要

大，尤其是那些渴望出人头地的女人。所以，当你的身心不堪重负，感到悲伤、焦虑、恐惧时，务必要学习自我调节，把自己从混乱的思维中解放出来，帮助自己消除忧虑。任何时候，都要保持冷静，保持甜美的笑容，这样才能赢得男人的尊敬和认可。

借助对手之力，顺利完成要办的事

红顶商人胡雪岩曾说过："同行不妒，万事都成。"女人在办事的时候，如果注意借助对手的力量，那么，就容易在行内获得较高的威望，并顺利完成要办的事。

编辑部刘鑫瑞不久前刚刚被提升为社科类选题负责人，薪水也提高了一半。她之所以能获得这个职位，就是因为她以对手的弱点为突破口，展示了自己的优势，从而获得了领导的赏识与器重。

刘鑫瑞平时所做的社科类图书策划文案都十分精彩，并常有文章在杂志和报纸上发表，文采相当不错。当她得知社科类的选题负责人正在酝酿中，又得知编辑部已经内定人选——小柳，一个很能写，口才也挺好，又极善于讨好上司的人时，觉得他的文笔没法与自己比，两个人在实际工作上绝对是两个水平。

刘鑫瑞在同事的鼓励下，来了个毛遂自荐，把自己曾发表过的作品和以前成功的策划案例交到了编辑部主任的手里。"不比不知道，一比吓一跳"，编辑部主任一看刘鑫瑞极佳的策划方案，工整的笔迹及"辉煌"的工作业绩，立刻惊呆了，他没想到刘鑫瑞如此优秀，通过比较发现刘鑫瑞适合这个职位，当即任命刘鑫瑞为选题负责人。

女人在办事的时候，利用对手的弱点作为晋升的突破口是有效的提升之道，这种巧妙的借力还可以掩饰自己的弱势。

其实，竞争对手是一个女人获得成功的最好伙伴。我们知道，在自然界，猎豹尽管跑得很快，它还是经常抓不住羚羊。因为羚羊奔跑的速度虽比猎豹慢，但它会在一段急跑后突然转弯，利用山丘、草丛来做掩护。这样猎豹就不能发挥它快速奔跑的特长，羚羊也就能安然逃生了。这就是竞争圈中的通则：捕食者的速度快，那么被捕食者必须跑得更快、更巧妙。可见，竞争对手可以让我们自动地完善自我，让我们在竞争的氛围内更优秀。

正因为有了竞争对手的存在，才使我们将成长的压力转化为前进的动力。然而，现实生活中，绝大部分女人看到对手，都会产生一种敌视情绪，在与对手相处时，态度极为冷淡，并时时保持警惕之心。这种行为情有可原。但聪明的女人总是会化敌为友，这样反而给自己留下了一些退路。

现如今，竞争对手"挖墙脚"的现象已经很普遍，同行业的少许女人之间常常陷入恶性竞争之中。其实，会办事的女人会设法联络同行业的竞争者，通过携手，借助对方之力，在市场上形成气候。这些都益于同行同业者的真心合作，共同发展，使其在资金、人脉上进行互助。

有些女人可能会害怕对手影响到自身的经济效益。其实，在求同存异的基础上，依靠对手，联合对手的力量，反而能更快地发展和壮大自己的力量，打开别人难以打开的局面。聪明的女人在办事的时候，会照顾到对方的利益，这样对方当然不会忘记给我们留好处。这样，我们不仅可以互惠互利，还有可能创造出更大的经济利益。

善于借助所有人的力量

比尔·盖茨说，一个善于借助他人力量的企业家，应该说是一个聪

明的企业家。女人在办事的时候，能做到善于借助所有人的力量，就会如虎添翼，一顺百顺。

刘丹和大门口的警卫关系搞得特别好，而且刘丹特别善于利用这一关系，并和警卫一直都保持着这种友好的关系。所以，几乎每一个到冠龙小区租房子的人都会找刘丹帮忙。

大门口的警卫等于是小区的一扇窗口，每次有人要租房子，第一个就是问他们："这里有没有人要出租房子？"警卫每一次的回答都是："你去问问那个住在六楼的刘丹，她那里有信息。"

为什么警卫会对刘丹这么好呢？因为在这之前，每一天从大门经过的时候，刘丹总是向他们打招呼，把这些警卫当成自己的朋友。不但逢年过节给他们送好吃的，平常有好吃的，也记得拿出来与他们分享。这些警卫们自然对刘丹心存感激，愿意帮刘丹的忙了。

刘丹在大楼里住了18年，靠做出租房屋的中介就赚了很多钱。谁都不会相信顺手送一盒饼给警卫，通过警卫的帮助会赚进很多钱！

刘丹的做法告诉我们：办事的关键并不在于你多么聪明、多么懂得算计，这些都是次要的。而最重要的是，如何与他人建立互助关系。

俗话说：一个篱笆三个桩，一个好汉三个帮。会办事的女人明白，在关系网中，"借"字是核心。把握了"借力"这一核心，就把握了关系网的精髓。特别是在自己的力量还不够强大的时候，想要顺顺当当把事情办成功，除了靠自己的努力外，有时还要借别人的力量才能扶摇直上。

一位著名的学者经过长期研究得出结论说："一个人的成功知识的作用只有30%，而其余的70%则取决于人际关系。"善于借助所有人的力量是明智之举。如果我们对自己关系网中的一些人不在意，就会常常和贵人擦身而过！当然，女人在有困难的时候，不会轻易地想到他们，也自然不会得到他们的帮助了。

于燕在坐火车时，和邻座的刘女士聊了起来。刘女士过去是做会计的，后来逐渐厌倦这一行业，于是，就辞职自己开办了一家公司，现在这家公司发展得非常红火，于燕和刘女士聊得很是投机。到目的地后，她们匆匆交换了名片，于燕顺便要了刘女士的家庭住址和电话号码。

过了几个月，于燕所在的单位倒闭了。于燕一直在找工作，可找了几个月仍无着落，她非常着急。有一天，她忽然想起了刘女士，于是就给她打电话，说明了自己的情况，问那里有没有适合自己的岗位。虽然刘女士的公司目前不缺人，但是她还是帮于燕介绍了另一家公司，让她去面试，就这样，于燕找到了新的工作。

荀子在《劝学》中就说到："假舆马者，非利足也，而致千里；假舟楫者，非能水也，而绝江河。君子生非异也，善假于物也。"借助于车马的人，不必自己跑得快，却能远行千里；借助于舟船的人，不必自己善水性，却能渡江河。君子生性与别人无异，只是因为他善于借助和利用外物，所以就不同了。

随着现代社会的发展，专业分工越来越细致，靠个人单枪匹马独闯天下的时代已经过去。调动外界一切能为我所用的资源，可以提高我们的办事效率，迅速达到我们的预定目标。实际上，可以为我们所用的资源比较多，比如，名人、亲戚、朋友、同学等的地位、名望、财富或权力等。古往今来，借助于他人之力而获得成功的事例真是数不胜数。不善于利用关系的女人往往很难把一件事顺顺当当地办成。而那些善于利用关系的女人则办起事来如鱼得水。善于借助所有人的力量追求的就是最大限度地利用好关系网。

女人在办事的时候，要善于借助所有人的力量。美国石油大王约翰·D·洛克菲勒曾说过：我愿意付出比得到任何其他本领更大的代价来获取与人相处的本领。可见，别人对我们的作用有多大。在适当的时机，几乎每一个身边的朋友都可以扭转乾坤，成为你的大贵人！所以，在我们平时为人处世的时候，也尽量和每一个人保持友好的关系，以互相帮助、共同发展。

必要时不妨"借马学艺"

俗话说"隔行如隔山",如果我们对一个行业根本就是全然不知的,那么从事这个行业很可能收获甚微,永无出头之日。

所以,聪明的女人在准备从事一个行业之前,必须深入了解该行业的一些具体情况,但是怎样获得该行业的知识呢?单靠书本只能是浅尝辄止,最好的方法就是在实践中学习,即所谓的"借马学艺"。

"借马学艺"就是借他人之马来学会养马、骑马、驯马,乃至赛马之技。这种"借马学艺"之举,不但无须交纳学费,而且还可以每月领到薪金。

刘丹大学毕业的时候,和所有的大学生一样,雄心勃勃地立志要干一番事业,但是由于经验欠缺、眼界狭窄,几次创业都失败了。她总结了自己失败的原因就是自己对所做的行业不够熟悉,所以出现了一些在别人看来很正常的问题。

最后,她决定借马学艺,放下身份去一家啤酒瓶厂当一名临时工。虽然一个月的工资才300元,但是她不但没有任何怨言,而且勤奋好学,善于动脑筋,工作主动积极,很快就当上了车间的班组长。后来又由于给厂里提出了不少建设性的意见,她被调到厂办协助厂长工作。没过多久,她又主动到最难干的销售科工作,仅仅两个月,就为厂里仓库积压的大量啤酒瓶找到了"婆家"。

半年之后,正当厂里准备再提拔她时,她却出人意料地提出辞职申请,准备回去开创属于自己的事业了。原来,当她在啤酒瓶厂工作一段时间后,得知酒瓶盖十分紧缺,许多大的厂家不屑于生产这种不起眼的酒瓶盖,所以造成酒瓶盖这个配件产品求大于供的局面。于是,刘丹决定办一个酒瓶盖厂。由于没有资金，她就东凑西借，再加上贷款，筹集了几万元。

这次创业与前几次不同，那就是她对整个行业的内情已经相当熟悉，经验非常丰富。所以，她的这个小小的酒瓶盖厂很快就开始赢利了，一年后就扩大生产，员工也由十几个人增加到了几百个人，产品行销附近的十几个县市。

再聪明能干的女人也不可能熟悉所有的知识及专业技能，不可能样样都会、路路皆通。即使在我们的专业领域之内，我们也不可能做到处处精通。尤其在我们准备创业的时候，如果对所要进入的行业不熟悉、不精通，那我们不妨先缓一缓，去找个地方来个"借马学艺"，使我们能在较短的时间内学到所需要的全面的知识和技能。之后，我们就可以放开手脚来创业了，因为我们把"艺"已经学到手了。

"借马学艺"这一策略可以使我们在较短的时间内，科学、准确地掌握他人在长期实践中总结积累出来的一整套行之有效的经营策略和方法。同时，我们也将有机会从老板的角度和观点去冷静客观地观察、分析、思考和解决经营过程中出现的一系列实际问题，从而为自己当真正的老板做好各方面的准备。所以，在我们创业的时候，如果我们还没有学到这方面的知识，就可以使用"借马学艺"的策略。

利用他人的优势，是女人成功的捷径

在当今这个社会分工越来越精细的时代，每个人的能力往往都局限于某一个，或者是某几个有限的领域里。一个思维敏捷、巧舌如簧的律师可能缺乏管理能力，一个善于管理的企业家可能不懂融资技巧，一个技术精湛的专家型商人可能缺乏商业思维，一个能力出众的公务员可能

不善于处理人际关系……这种局限能够在一定程度上突破，但是不可能彻底突破。没有人能够成为一个无所不能的超人。

所以，成功女人懂得利用别人的优势来为自己铺就走向成功的捷径。

荷莉·艾美利亚出身寒微，16岁就辍学自谋生路，但她有很强的进取心，小小年纪就立志要创办一家服装公司，而且不露声色地执行着自己心中的计划。

说干就干，18岁那年，艾美利亚进入斯特拉根服装公司做业务员。这是一家著名的时装公司，艾美利亚在这里学到了很多东西，为开拓自己的事业做好了准备。

艾美利亚同一个朋友合伙，用7 500美元开办起一家服装公司。在她的悉心经营下，这家小公司的生意相当不错。但是，艾美利亚又不满足了，她认为，老是做与别人一样的衣服是没有出路的。她想只有设计出别人没有的新产品，才能在服装业中出人头地，这就需要找一个优秀的设计师做自己的合伙人。

然而，这样的设计师到哪儿去找呢？一天，她外出办事时，发现一位少妇身上的蓝色时装十分新颖别致，竟不知不觉地紧跟在她后面。少妇起初以为她是心怀不轨的小偷，艾美利亚连忙解释，少妇才转怒为笑，并告诉艾美利亚这套衣服是她丈夫戴维斯特设计的。

于是，艾美利亚心里就有了聘请戴维斯特的念头。经过一番调查得知，戴维斯特果然是位很有才能的人，他精于设计，曾在三家服装公司干过。他最近刚刚离开一家公司，原因是他提出了一个很好的设计方案，而不懂设计的店主不仅不予嘉许，反而蛮不讲理地把他训了一顿。戴维斯特一气之下就辞职不干了。戴维斯特的遭遇，使得想找他做合伙人的艾美利亚更有信心了。

然而，当艾美利亚登门拜访时，戴维斯特却闭门不见，令艾美利亚十分难堪。但艾美利亚知道，一般有才华的人难免会意气用事，只有用诚心才能去感化他。所以她并不气馁，接二连三地走访戴维斯特的家，几次三番地要求接见。她这种求贤若渴的态度，终于使戴维斯特为之动容，并接受了艾美利亚的聘请。

戴维斯特果然身手不凡，不仅设计出很多颇受欢迎的款式，而且是第一个采用人造丝来做衣料的人。由于造价低，而且抢先别人一步，尽占风光，艾美利亚的服装公司的业务蒸蒸日上，在不到10年的时间里，就成为服装行业中的佼佼者。

艾美利亚的服装公司的成功有很大一部分功劳该归属于戴维斯特，如果没有他的才华，艾美利亚的事业不会达到这样一个顶点。艾美利亚正是认识到戴维斯特将成为自己事业上的贵人，所以才不遗余力地"拉拢"他，使之成为自己的合伙人，为自己找到了成就事业的捷径。

每个女人都应该认识到个人的能力是有限的，一个人永远无法做好所有的事情。即使一个人精力无限充沛，也不可能做好所有的事情，所以利用别人的优势是必要的，也是必须的。尤其是现在这个社会分工越来越细密而工作却越来越复杂的社会，利用别人的优势，几乎是唯一可行的工作方式。企图拒绝利用别人的优势而独立行事的想法，几乎就是妄想。

一滴水怎么样才能不干涸？答案是将其融入大海。同样，一个人再有能耐，其力量也是渺小的，如同一滴水之于大海。所以，利用别人的优势，也是一种各取所需的双赢手段。尤其是办事的时候，更需要寻找一个好的搭档，借助他的力量，实现自己的目标。

别忽视朋友的"资源网"

谁都希望自己拥有财富，女人也是如此，但是仅有这个想法是不行的，有时还要懂得利用朋友的"资源网"来办事，这会让你收获更多。

刘小慧是一个饭店的女老板，有一次她无意间认识了一位顾客，这位顾客是当地有名的胡律师。一天晚上，胡律师因为打赢了一场比较重要的官司，特在刘小慧的饭店和几个朋友举行庆功宴，巧的是刘小慧的一个朋友也是胡律师的朋友，于是经朋友的介绍，双方就认识了。

庆功宴结束后，刘小慧拿着胡律师的名片如获至宝。因为在她看来，胡律师今后必能有助于自己生意的发展。所以，刘小慧和胡律师经常保持联系，并在胡律师来她饭店吃饭时给予其很大的优惠。

后来，刘小慧的饭店出现了食物中毒的事件，几名顾客上吐下泻，还差点住进医院。为了维护自身利益，这几位顾客将此事投诉到了当地消协，事情越闹越大，直到最后难以收拾。

这时，刘小慧想到了胡律师。果然不出所料，胡律师爽快地答应帮助刘小慧，并很快收到了成效。饭店没有受到严重处罚，顾客得到一些经济赔偿后也不再纠缠。

刘小慧以此为戒紧抓饭菜质量，同时不断强化自身特色，使自己的饭店生意逐渐红火起来。

也许你正为某件事找不到合适的人帮忙而愁眉苦脸。但是你却忽略了你有钱朋友的"资源网"。不要轻视通过朋友的资源办事的巨大作用。哈佛大学一位心理学教授曾做过一次实验，实验的结果就是今天在社会关系研究中常说的"六度分隔"。你也许不认识比尔·盖茨，但是在优化的情况下，你只需通过六个人就可以结识他。这就是六度空间理论，也叫小世界理论。

"六度分隔"的现象，并不是说任何女人与他人之间的联系都必须通过六个层次，而是表达了这样一个重要的概念：任何两位素不相识的人之间通过一定的联系方式，总能够产生必然联系或关系。也就是说，经过若干个环节，任何一个人同比尔·盖茨通上电话都不是痴人说梦。

而且，朋友的介绍相当于信用担保，有了这份担保之后的人脉资源，要比很多你辛辛苦苦认识但联系不多的朋友办起事来靠谱得多。

可见，如果一个女人懂得运用这种"结交一个人来认识更多的人"的方式来为自己办事，其效率很可能以乘方的方式增长。

钟彬娴，想必早已为大家所熟知，她是雅芳公司百年历史上第一位华裔女性 CEO，而她的成功之路也被许多人认为是一个奇迹。

一无背景、二无后台的钟彬娴以优异的成绩从普林斯顿大学毕业。钟彬娴认为从事零售业可以丰富自己的阅历，可以把自己的脸皮磨炼得"厚"一点，而这有益于自己将来成为一名优秀的律师或者记者，于是1979 年，她进入鲁明岱百货公司做了一名销售人员。

没有想到原打算在零售业"锻炼才干，见好就收"的钟彬娴，竟在不知不觉间爱上了推销员这个"说服别人购买自己产品"的极富挑战性职业。但是在她的家族里没有一人有零售背景，她意识到要想在这一行业里脱颖而出或者有所作为，单单靠自己努力工作还是不够的，还要依靠关键人物的提拔。因此，钟彬娴决心在工作中开拓自己的人脉。

幸运的是，在鲁明岱百货公司，钟彬娴遇到了公司首位女副总裁万斯。为了向万斯学习丰富的工作经验和技巧，钟彬娴像对待老朋友一样对待万斯，并很快取得其信任，让她心甘情愿地充当自己的职业领路人。在万斯的帮助下，钟彬娴在鲁明岱百货公司升迁得很快，到了20世纪80年代中期，她已成为销售规划经理、内衣部副总裁。

1987 年，万斯接受了玛格林公司的邀请，并且成为该公司首位女CEO。她建议已经和自己成为知己的钟彬娴和她一起去，于是，钟彬娴就跟随万斯来到了旧金山，5 年后被提拔为高级副总裁。1991 年，在美国营销界小有名气的钟彬娴被美国奈曼玛克斯服装公司相中，出任执行副总裁和时尚代言人，由此开始了自己单打独斗的商界生涯。

在钟彬娴成功的道路上，万斯扮演了一个重要的角色，如果没有她，恐怕就没有后来的钟彬娴。正如钟彬娴所坦言的那样："万斯女士，是我的职业领路人，不愧为金发'洋伯乐'。有些人只是傻傻等待好运临头，可机遇是等不来的。而我却不是这样，我建议人们要抓住能带你飞翔的人的翅膀！"

第九章 聪明女人不依赖人，但懂得借力

机会来了，有的女人却抓不住。而有些女人即使没有等到机会，也会自己去创造机会，钟彬娴就是这样的女人。她懂得让上司成为自己的朋友，并抓住一切机会，通过上司的"资源网"来成就自己。

一个女人的能力有限，交友的圈子也同样有限。即使你把大部分精力都用于交友上，也不见得能认识所有对你有帮助的人。聪明的女人都乐于把朋友的朋友发展成自己的朋友，懂得巧妙利用朋友的资源办事。

可见，想要找到能帮助你的人，就必须具备一点智慧和技巧，要不断建立好的人缘，同时提高你自己的办事能力，这样你才能在生活和工作中游刃有余。

让你的上司赏识你

女性如果想在职场中出类拔萃，就必须靠上司的提携。虽然你可能很普通，上司至今还未注意到你，但是你必须牢记：一个不善于和上司和谐相处的人，她的舞台一般不会太大。

刘欣芝在一家银行上班，刚从营业大厅调到办公室不久。出差一周回来上班，一进单位，陈姐就神秘兮兮地说："新行长上任了，是个四十多岁的中年男人，据说可有一套了，行里看来要来一次工作大调整了呢！"

一听这话，下班后，刘欣芝径直奔向银行对面的购物商城，买了久违的兰蔻唇膏和百丽皮鞋。

第二天上班，她却发现办公室的女同事们个个妆容精致，光彩照人，见了新行长，都笑得如春花般灿烂。她暗暗想：看来，还得靠漂亮的业绩吸引新行长！

机会来了。

那天，行长为了争取到那家著名民营企业的业务，在大酒店宴请老总们。刘欣芝和部门主任一起作陪，席间，老总们不停地向行长敬酒，看着行长面露难色又不便推辞的样子，她灵机一动，端着酒杯，走到那位民企老总身边笑吟吟地说："以后还是我们直接打交道的机会多，这酒不如让我喝！"那老总笑道："我就喜欢和这种爽朗聪明的女性打交道！"

她注意到，行长也在笑眯眯地看着她。

不过，这当然远远不够！她又搞了一个小范围的同学聚会，既拉近了同学之间的感情，还轻而易举地争取到了大笔的存款。经过这样一番努力，行长见到她时，已经很亲切地喊她"欣芝"了！

不久，部门主任辞职，刘欣芝凭着优秀的业绩，成功升职。大家也都知道行长很赏识她，所以她做起事情来一直很顺利。

女人要想在职场上获得加薪升职的机会，从工作的第一天开始，就应该努力获得老板或者上司的赏识，因为有他们的提携和帮助，你能节约奋斗成本，在最短的时间内攀升到较高的位置。聪明的女人明白，借上司之力，可以让自己在工作中省去很多不必要的麻烦。

许多女人会说："我的老板或上司，根本就没兴趣培养我，甚至疏远我，对我爱答不理，从他们那里根本学不到什么。"实际上，无论你的上司或老板在你眼中有多么差，也要明白，他们能坐到这个位置一定有其道理，从他们身上，一定可以学到一些东西。

大多数女人会对上司有一种敬而远之的心态，并很少与之沟通。实际上，如果你不和老板多沟通，也许老板永远也不会了解你的想法，你也可能一直都得不到提拔，所以，要尝试着多和上司沟通，并尽量让他赏识你。这样，在众多员工中，你也许很快就能脱颖而出。

王丽娜是总公司从总部精英中挑选出来，特意派到分公司来的行政总监。欧阳艳是进入公司才两年的新人。

聪明的欧阳艳是一个认真负责的"人精",虽然她不是王丽娜的助理,但还是常常去王丽娜的办公室汇报工作;每次开会都能以最快的速度,适时递上王丽娜助理漏给的资料,令王丽娜对她刮目相看。

到了周末,欧阳艳还会为王丽娜送上妈妈做的家常菜,让吃厌了工作餐的王丽娜换换口味。欧阳艳常常放弃约会,陪孤独的王丽娜泡吧,深夜陪伴寂寞的王丽娜喝咖啡、看夜上海,让独在异乡的王丽娜备感温暖。

某个下午,欧阳艳和同事们商量:"嘿,对面新开了一家川菜馆,听说菜式和情调都蛮好的,一起去'血拼'如何?"华灯初上,被约的同事陆续在饭店坐定,最后一个到的是欧阳艳。见她捧着刚刚买的鲜奶蛋糕,大家以为是她的生日聚会,没曾料到,她微微一笑,对着她旁边的王丽娜道:"今天是王丽娜的生日,我们一起来祝精明能干的王丽娜生日快乐。"王丽娜眼里充满意外的惊喜,同事们这才恍然大悟。

王丽娜要回公司总部之前,在公司例会上宣布:"我已向总部申请让欧阳艳接替我在分公司的位置,并言明如果欧阳艳在工作上遇到什么困难,希望大家帮助新人。"当然,欧阳艳也做了相应的回报,她的欢送致辞声情并茂,听得在座人员都感慨万千的,容易激动的王丽娜甚至感动得泪水夺眶而出。

欧阳艳就职以后,常去汇报工作的地点,已经是总经理办公室了,想必不远的一天,聪明的欧阳艳还会通过与总经理建立亲密的关系,而继续步步高升的。

你对老板的关爱与细心,老板一定会有很深的印象,也许他还可能借此一吐心中的苦恼以缓解心里的压力,或者他真的需要你帮他一个忙。经过此番交流,相信你们的感情会大进一步,他一定会记住你对他的关爱,并会对你格外关注。

女人要想让上司赏识你,让他在你需要帮助的时候出现,就要用出色的工作能力让他注意到你。首先,你要积极地完成任务,没有人不喜欢积极的下属。碰到有挑战性的工作时,想想能不能做到更好,并尽力执行、尽量发问，这样上司更愿意倾囊相授。其次，你也要学会向上司学习，可以提一些自己的观点。抛得出砖才能引得到玉，以挖出上司的工作智慧。当然，上司和你在组织中的位置不同，思考方式也就有些许差异，你要多想想上司真正的目标是什么。最后，聪明的女性会很注重自己与领导之间的默契，在工作中多一点观察与贴心，找出彼此愉快工作、互动的默契。

你很可能在一个岗位上兢兢业业地做了几年甚至十几年，但还是拿着微薄的工资，受着别人的管辖。眼看着比自己进入公司晚很多的新人们都个个升职加薪，很多女人大概都会觉得委屈。发生这种情况，很多时候是因为你忽略了上司的作用。如果能有个上司赏识你的话，相信你的处境很快就会发生变化。

如果你能成为上司眼中的红人，他不仅会在工作中指导你，帮助你，督促你事业的发展，为你提供咨询，在人际矛盾中帮你排除困难，而且对你的晋升也能助一臂之力。

其实，办公室的人际关系网是在迅速变化、发展的。只是我们自己常常不自知、不在意，从而常常和升职的机会擦肩而过！而会办事的女人知道，在自己升职的最佳时机，能左右局势的人，正是他的上司。所以，如果能把上司培养成自己的好朋友，让他在自己升职的道路上助自己一臂之力，肯定能很快得到提拔。

让"职场红人"帮助你

女人要想在职场上升迁，单靠自己的实力去拼打，出头之日可以说是遥遥无期。不妨主动去接近周围的"职场红人"，以便在关键时刻，得到他们的帮助。

欧阳丹与刘茜毕业于同一所大学的印刷专业，毕业后两人又同时签约在一家公司。原指望能成为办公室中的一员，可是万万没有想到，公司培育人才的方式规定，新来的大学生必须到先到车间工作一年后方可调动到办公室。

两人从师兄师姐那打听到，车间工作比想象中的还辛苦：轰鸣的机器声，刺鼻的油墨味，白晚班12小时连班倒，周末还得经常加班。男生在那都很难撑一年，更别说细皮嫩肉的女生了。两人一听顿时对未来失去了信心，同时，也开始动脑筋想法子改变这种传统。

要改变传统自然不是容易的事情，两人琢磨了很久，想一定得找个人帮忙。可是找谁呢？欧阳丹盯住了公司生产总监邓总。新生进入公司经过一个月的入职培训后，董事长请吃饭，慰劳刚刚结束培训的大学生，同时鼓励大家迎接即将开始的工作，公司各事业部的老总也出席了晚宴。欧阳丹看准机会，坐到了自己未来上司邓总的旁边。2个小时的饭局，欧阳丹成功地让生产总监记住了自己的名字。

第二天，就有人对她说，邓总请她去办公室一趟，她忐忑不安地去了。邓总大约40岁，看起来非常和善，他问了欧阳丹一些在学校时情况以及她对公司的看法和对未来的设想，最后，他说："我看你很机灵啊，有潜力，我这办公室的秘书刚刚走了，你就接替他的职位吧。"欧阳丹简直不敢相信自己的耳朵，她嗫嚅地说："我……"邓总说："好好干，我相信你能行！"

刘茜也使出了找人相助的方法，但她找的是负责他们新人培训的人力资源部培训主任。入职培训时，组织培训的人员问到个人职业生涯规划，刘茜就直接坦言，要从事人力资源工作。一个月的入职培训期间，刘茜常常主动帮忙布置培训室，收集大学生们的各种需求信息，并反馈给培训主任，俨然一个小跟班。

没过几天，人力资源部的经理找她过去，和她闲聊了一会儿，之后又问她，现在培训主任下面空缺一个职位，问她愿不愿意过来，刘茜欣喜若狂，满口答应。

所谓"红人"，即是得宠显贵或事业走运的人，职场上的"红人"自然是那些权力在握的人。在女人的职业生涯中，这类"红人"就是人脉网中的潜力股。无疑，邓总和培训主任都是公司里的"红人"，他们大权在握，只一句话就可以决定新员工在公司的命运。欧阳丹和刘茜通过认真观察、主动寻找发现了她们在职场的"红人"，并积极与之建立联系，使之成为自己的人脉资源，这样工作顺利自然就不是难事了。

所以，与"职场红人"建立一种和睦的、令同事羡慕的关系，对你的职场生涯将大有裨益。更重要的是，有了他的器重，你的工作将更加顺利，你也会更有成就感。相反，女人在办事的时候，如果和"红人"的关系闹僵了，就意味着你在职场上的发展也将非常缓慢。

林薇薇是一家跨国电子企业的生产女主管，她精力充沛，很有大刀阔斧的魄力，她关注的焦点是这项任务的负责人是谁。最后期限是什么时候。她总是目标清晰、一针见血，很少关注任务施行过程中的细节。

林薇薇的顶头上司郭阳和她的性格截然不同，郭阳是一个非常谨慎的人，她做事通常都有一套详细的流程，同时用 Excel 表格来规划自己的任务。而且为了避免出现意外情况，她在执行一套方案的同时，都会另外准备一套方案备用。她考虑问题周全，非常注重细节，做事很少出现差错，因此，深得老总喜欢，是老板身边的"红人"。

在沟通过程中，林薇薇对于上司郭阳的谨小慎微很是不屑，她每次汇报的工作计划总是非常简单，只提一些核心的问题以及最后的结果。对此，郭阳对她的大大咧咧很是不满，结果林薇薇每次都不得不再次去准备更多的信息和细节，以便郭阳可以"全面地了解"。另外，郭阳还会提出很多"如果……怎么办……"的假设来测试林薇薇对突发情况的应变能力，林薇薇每次都觉得她列举的情况根本不会发生，最多也就有万分之一的可能。所以，两个人的沟通总是"疙疙瘩瘩"的，两个人的关系越来越"微妙"。

为此，林薇薇经常闷闷不乐，老总"红人"郭阳更是事事针对林薇薇。在这个郁闷的环境中，林薇薇有了辞职的念头，两人就这样僵

持着。

聪明的女人明白，只要还想在现在的岗位上干下去，那就要学会"取悦"老板身边的"红人"，让他喜欢你、赏识你。这里的"取悦"不是谄媚讨好，刻意逢迎拍马屁，也不是要你卑躬屈膝，而是教你与"红人"愉快相处。

其实，女人在人生道路上的不同时刻及不同的场所，都有不同的"红人"。只要你用点心，去接近他们，博得他们的好感，那么你的前途一定是光明的。